EL
CONTADOR
DE
HISTORIAS

*Una Narrativa que te
Guiará a la Grandeza*

JOSÉ LUIS NAVAJO

WHITAKER
HOUSE *Español*

Las cursivas y negritas en el texto son énfasis del autor.
Editado por: Ofelia Pérez

El Contador de Historias
Una narrativa que te guiará a la grandeza

ISBN: 978-1-64123-010-0
eBook ISBN: 978-1-64123-012-4
Impreso en los Estados Unidos de América
© 2018 por José Luis Navajo

Whitaker House
1030 Hunt Valley Circle
New Kensington, PA 15068
www.whitakerhouse.com

Por favor, envíe sugerencias sobre este libro a:
comentarios@whitakerhouse.com.

2 3 4 5 6 7 8 9 10 11 12 ᪻ 25 24 23 22 21 20 19 18

DEDICATORIA

Dedico este libro a mis lectores, es decir,
a ti que ahora sostienes este volumen en tus manos.

Gracias por dedicarme una porción de lo más valioso que posees:
tu tiempo. Ojalá que la inversión que haces al sumergirte
en estas páginas te reporte grandes beneficios.

Mi mayor alegría será conocer que saliste
de este viaje habiendo crecido.

AGRADECIMIENTOS

Quiero agradecer a la casa editorial Whitaker House por confiar en mí para acometer este proyecto. Un reconocimiento y gratitud especiales a mi editor, Xavier Cornejo, por su acompañamiento y constante retroalimentación. No fui yo quien creó esta historia; la hemos creado.

A mi esposa Gene. Inspiras cada línea que escribo, cada proyecto que emprendo y cada sueño que persigo. Qué razón tuvo quien dijo que viajando solo llegas antes, pero acompañado llegas más lejos.

A mis hijas Querít y Miriam. Vuestra sonrisa me estimula y vuestra lealtad me levanta. Gracias por creer en mí y por persuadirme a que yo también crea.

Escribir un libro es un acto de fe que a veces se torna complicado. Mil preguntas se dan cita en el cuarto del escritor e invaden su mente: ¿Le interesará a alguien lo que escribo? ¿Acercará alguna respuesta a quien se sumerja en ello cargado de preguntas? ¿Alguien será mejor después de haberlo leído? ¿Servirá para algo o para alguien el encierro voluntario a que me someto para volcar mi alma sobre el papel?

Por eso mi agradecimiento más sincero a ti, lector. Quiera Dios que el viaje que estoy a punto de proponerte te conduzca a bellos parajes donde encuentres paz, luz y crecimiento.

Y gracias a Dios... ¡el verdadero Sabio!

Contenido

Prólogo

Los presentes nos acercan a las personas, y las personas nos acercan a nuestro destino. Este es uno de mis enunciados favoritos, y lo comparto insistentemente dondequiera que hablo.

El Contador de Historias es un generoso presente que nos hace José Luis Navajo, mostrándonos su persona, y regalándonos su experiencia como líder y escritor prolífico para ayudarnos a alcanzar nuestro destino.

En nuestro mundo, las personas quieren ser líderes de algo, a veces, de cualquier cosa. El ser humano tiene mucha sed por el poder y por llegar a la cima en términos profesionales y personales. Pero avanzar en tus proyectos y en otras situaciones no te define como un líder. Nada garantiza que serás reconocido como tal. No todos los que tienen autoridad para hacer, tienen capacidad para ello. El dueño de una empresa tiene autoridad para administrar las finanzas del negocio, pero eso no significa que tenga capacidad para hacerlo.

Ser líder quiere decir que eres capaz de ejecutar, inspirando a otros a seguirte. La autoridad vendrá como consecuencia, respaldando tus acciones. Después de todo, ¿existe un líder sin seguidores?

En este libro, Luis García y nosotros somos los discípulos de un inesperado y misterioso personaje que nos enseña conceptos de liderazgo y de supervivencia personal en el mundo empresarial actual. Y más allá de eso, esta obra es una lección bien detallada sobre la vida emocional de cada uno de nosotros, y cómo saber invertir en lo que realmente importa.

Aquí aprendemos que las motivaciones son más importantes que los resultados. Porque los resultados nos aproximan a las cosas; las motivaciones, a las personas. ¿Qué, realmente, vale la pena tener cerca: cosas o personas?

¿Con quién quieres compartir tus victorias y conquistas?

¿En qué hombro llorarás en tus días difíciles?

José Luis Navajo es uno de los autores más brillantes de ficción y liderazgo que he leído. Combina una excelente trama, un tema instigador y un autor que es un gran contador de historias, y tendrás un manual de vida. Con conceptos extraídos de la Sabiduría Milenaria, esta obra nos preparará para el siguiente nivel.

Me quedé impactado al ver la sabiduría del autor al romantizar la realidad de miles de hombres y mujeres de negocios, que buscan balance en sus relaciones familiares y en su liderazgo. Muchos son sofocados por los problemas diarios. La mayoría tienen dificultades para lidiar con las contrariedades de los negocios y las relaciones. Grandes hombres han vivido una vida pequeña por no tener en sus manos un manual como este.

Hay libros que se convierten en un GPS en nuestra vida. Por un lado muestran caminos más cortos y seguros hasta el destino final; por otro, recalculan nuestra ruta. Lo que leemos en este libro son principios y no opiniones, encontrando profundos consejos y no simples historias.

En mis libros siempre defiendo la tesis que antes de desarrollar una ciudad o una nación, necesitamos desarrollarnos a nosotros mismos. Este viaje literario será una expedición dentro de ti mismo.

Hay algo nuevo que viene sobre ti. ¡No desistas, no te detengas, no te desanimes!

¡Tú puedes estar a pocas páginas de una nueva etapa de tu vida!

Comienza esta lectura y llega hasta el final. En la vida, muchos son así; comienzan algo y nunca terminan. ¡Pero contigo será diferente!

¡Ajústate los cinturones, que lo mejor está por venir!

Votos de paz y prosperidad.

Tiago Brunet

Autor, *El Mayor Poder Del Mundo*

Introducción

Su frente está perlada de sudor. La carísima corbata de seda italiana cuelga ladeada con el nudo demasiado flojo, y el primer botón de la nívea camisa Emidio Tucci está desabrochado.

Una de las máximas de Luis García es vestir impecable. *Solo tenemos una oportunidad de causar una buena primera impresión*, dice con frecuencia, y como defensor militante de esa idea vive embutido en carísimos trajes y pasea a sus clientes en potentes vehículos de alta gama.

"¡Somos la cara de *Next Level Communication* ante el mundo!", espolea casi a diario a sus doce ejecutivos de ventas. "Nuestro deber es mostrar la mejor imagen de esta empresa. No solo somos los mejores; debemos también parecerlo. ¡Nunca lo olvidéis!". Insiste: "No solo serlo, también parecerlo. ¡Convertid esta frase en un mantra! ¡Repetidla hasta que forme parte de vuestro ideario más íntimo! El objetivo es que viéndoos a vosotros el mundo se enamore de NLC".

Pero cualquiera que lo viera esa mañana pensaría que ha renegado de sus principios. Aunque es quince de febrero y la temperatura en la calle apenas alcanza los tres grados, Luis suda copiosamente y su aspecto es tenso y estresado. La asfixiante sensación térmica nada tiene que ver con la climatología, sino con la presión que se percibe en el ambiente.

Sobre su mesa, semienterrado bajo un montón de folios, reposa el clásico *Cómo ganar amigos e influir en las personas*. Lo ha leído cuatro veces y apenas queda en el libro una línea sin marcar. Es un ferviente admirador de Dale Carnegie y un seguidor a ultranza de sus postulados, pero en días como este Luis García olvida todos los consejos que Carnegie transmitió en sus conferencias a vendedores y directivos, donde apelaba a la templanza y a la cortesía. Es el Director Comercial de *Next Level Communication* en España, y en ese instante el contrato del año pende de un hilo. Su mejor cliente acaba de comunicarles que tiene previsto pasarse a la competencia. Por eso García hostiga a las tres secretarias del departamento para que le hagan llegar los balances de compras y todos los detalles que existan de esa cuenta.

—¡No podemos perderlo! —ruge al teléfono—. ¡A *Broadcast Holding* no!

—Pero, señor García, la competencia ha tirado los precios —la voz de Lucía, secretaria de dirección, suena a disculpas a través de la línea telefónica, pero lo que dice tiene sentido—. Si mejoramos esa oferta cerraremos una operación en pérdidas.

—¡Maldita sea, no pasará nada porque en una operación perdamos unos cochinos euros! ¡A veces hay que perder para ganar! —grita, colgando el teléfono con un golpe tan fuerte que a punto está de desmenuzar el auricular.

Se levanta de su enorme sillón de piel de color negro y recorre el despacho a grandes zancadas, como un león enjaulado; es su forma de reflexionar cuando un tema le preocupa de verdad.

Poco después se detiene frente a la enorme cristalera y observa la ciudad. La vista que ofrece su despacho ubicado en la planta cuarenta y tres es envidiable, pero hoy el paisaje no logra impresionarlo, ni tampoco el descomunal tamaño de su oficina, ni la flamante y brillante mesa ovalada de madera de caoba, ni las dieciséis sillas que la rodean, donde se sientan cada lunes él, las tres secretarias y sus ejecutivos de ventas para reportarse y planificar la semana. Ni saber que es el directivo más joven en la poderosa compañía que ocupa uno de los edificios más emblemáticos de la manzana financiera de Madrid.

Nada logra arrancarle una sonrisa.

Hoy no… porque mira sin ver; tan solo reflexiona.

Luis García no está acostumbrado a perder, y mucho menos a perder la mejor cuenta. Ese cliente representa el diez por ciento de la facturación de la empresa. El otro noventa por ciento lo aportan los dos mil trescientos cuarenta y dos clientes que han depositado su confianza en *Next Level Communication*. Que se fuera alguno de ellos no afectaría en exceso, pero que se fugue *Broadcast Holding* es algo que no puede permitir.

Se quita la chaqueta Armani y la cuelga sobre el respaldo de su sillón. Luego vuelve al ventanal mientras con su mano derecha agarra el nudo de su corbata y lo sacude a derecha e izquierda, intentando agrandar el flujo de aire a su cerebro. En su impecable camisa blanca lucen marcas de la copiosa transpiración que le está provocando esta crisis.

Se gira cuando llaman tímidamente a la puerta y la abren. Es Lucía, la eficiente secretaria. En su mano trae un puñado de folios que contienen los detalles más relevantes del historial de *Broadcast Holding*.

—Gracias, Lucía —susurra cuando la muchacha deja los papeles sobre la mesa—. No me pases ninguna llamada, por favor. Debo repasar esos documentos y tomar una decisión en la próxima hora.

—Descuide, señor García —Lucía habla con firme delicadeza—, no permitiré que sufra ninguna interrupción. ¿Desea que le traiga algo para tomar?

—¡Buena idea! —por fin sonríe—. Eso me vendrá bien. Un té, por favor.

—¿Le apetecerá que hoy sea Taj Mahal?, para variar…

Lucía sonríe tras la ironía. Luis solo toma té negro, y como amante de la cultura y gastronomía de la India, siempre Taj Mahal.

Pese al enorme respeto que su jefe le inspira, la chica se atrevió a hacer la broma en un desesperado intento de suavizar la presión que García sufre. Todos le tienen aprecio y los más cercanos casi veneración. Hacía muchos años que no recalaba en la compañía un ejecutivo del calibre de Luis. Es el prototipo de ejecutivo agresivo, pero de técnicas depuradas. Si se propone ganar una operación es casi imposible que no lo logre. Sin embargo, sabe valorar y tratar con respeto a sus subordinados. Lo que se decía de Abraham Lincoln, "un hombre de acero y a la vez de terciopelo", es algo que puede aplicarse a García.

Luis capta la broma de Lucía y asiente con la cabeza devolviendo la sonrisa. Luego se acoda en la mesa, apoya la frente en ambas manos y se sumerge en un laberinto de cifras que volvería loco a cualquiera, pero que él sabe interpretar a la perfección.

Van pasando los minutos sin que varíe su posición, ni siquiera cuando Lucía pone a su lado el té aromatizado; lo agradece en un murmullo, pero sin romper la concentración. Cuarenta y cinco minutos más tarde, hace unas rápidas anotaciones en un papel que dobla, lo guarda en el bolsillo de su chaqueta, toma un largo sorbo del té, ya frío, y descuelga veloz el auricular del teléfono.

—Lucía, ponme con el señor Alcibar, por favor.

—¿El presidente de *Broadcast Holding*? —quiere asegurarse la eficiente secretaria.

—Sí. Pásamelo en cuanto lo contactes.

—Enseguida, señor García.

No tarda ni un minuto en tenerlo al teléfono. La conversación es breve, pero cordial. Inmediatamente después de concluir, Luis se comunica de nuevo con Lucía.

—Haz una reserva para dos, a las 13:30 horas en la Marisquería Mediterráneo, por favor.

—Ahora mismo, señor García. Ya sabe que en ese lugar tan exclusivo me requerirán el nombre y apellido de ambos comensales.

Lucía tiene razón. Marisquería Mediterráneo cuida los detalles hasta extremos asombrosos, personalizando la mesa y sorprendiendo a sus clientes. Lo mínimo es una carta de bienvenida con los nombres y apellidos de cada comensal, pero no es nada extraño que la servilleta esté bordada con las iniciales de quien la utilizará, o que, para parroquianos muy selectos, los cubiertos de plata lleven grabado el nombre y que, por descontado, se llevará luego cada cliente como recuerdo. Por supuesto que tales gestos se reflejan holgadamente en la minuta, pero quienes ocupan una de esas mesas no reparan en gastos y, como buenos sibaritas tocados por un halo de narcisismo, agradecen sumamente detalles de ese nivel.

—Lo sé, toma nota: Luis García y Ramón Alcibar…

—¿Va a almorzar con el señor Alcibar? ¿Con el presidente de *Broadcast Holding*? ¡Huy, perdón! —se excusa la chica al notar el exceso de euforia y familiaridad que imprimió a su comentario.

—Sí, Lucía —ríe Luis al percibir lo abrumada que se ha sentido la muchacha—, ya ves, el magnate ha decidido descender de su torre de oro para almorzar conmigo.

—Si me lo permite, señor García, esa es una muy buena señal. Suena a guerra ganada…

—No vendamos la piel del oso antes de cazarlo —repone con prudencia—. Yo diría más bien que hemos ganado una batalla, pero ya sabes que una guerra se compone de mil batallas. Todavía queda mucho por pelear; es en ese almuerzo donde espero alzarme con la victoria. Por cierto, asegúrate, por favor, de que a las trece horas haya un taxi en la puerta. No quiero llegar tarde…

—Descuide, señor García, ya me ocupo de que esté puntual.

Cuando a la una en punto Luis García sale de su despacho, Lucía lo despide con respeto y una mirada inyectada de emoción. Siempre sintió devoción hacia su jefe, y desde que supo que su esposa lo había abandonado, una chispa de ilusión se prendió en ella, mientras la admiración se vio matizada con tonos románticos.

—Que tenga suerte, señor García.

—Nos hará falta algo más que suerte, Lucía —responde él—. Será necesaria mucha habilidad…

—Si se trata de eso, no tengo duda de que la operación está ganada —ella sabe que su jefe regresará habiendo convertido esa crisis en una victoria.

Y no se equivoca. A las cinco de la tarde Luis regresa eufórico.

—¡Rápido, escribe! —le dice a Lucía, que se sienta veloz al ordenador y comienza a teclear lo que Luis le dicta.

La chica palidece al escuchar los términos del contrato que Luis acaba de cerrar con *Broadcast Holding*.

—Señor García —mira a su superior con la boca abierta de admiración y casi lo susurra—. Esta mañana temíamos que la cuenta se fugara y ahora estamos cumplimentando el contrato más alto y en mejores condiciones que nunca hemos firmado con ellos... ¿Cómo lo ha logrado?

—No todo el mérito es mío... Habéis sido muy ágiles en preparar toda la documentación... Y Marisquería Mediterráneo también aportó lo suyo. El mejor marisco regado con un buen Albariño bien frío resulta una combinación infalible.

Al día siguiente Luis García disfruta de un momento relajado en su despacho. Con los ojos cerrados, el respaldo de su enorme sillón abatido y los pies sobre la brillante mesa de caoba, escucha música clásica. En ese instante suena la pieza musical *Las Cuatro Estaciones*, de Vivaldi. A sus espaldas destaca el cuadro que preside su oficina: un lienzo en óleo donde se ve un barco sacudido por una terrible tempestad. Las olas se levantan sobre la embarcación y parece que el naufragio será inminente. Bajo la violenta escena destaca un enunciado impreso en letras blancas: *Nunca los mares en calma forjaron marineros hábiles*. Es una de sus máximas: *Las grandes crisis encierran las mayores oportunidades. La gracia a veces viene envuelta en desgracia*.

Se deleita en los primeros compases de *El Verano* de Vivaldi, cuando el timbre del teléfono lo sobresalta.

—Señor García —la voz de Lucía suena emocionada—, tengo al teléfono a Alfred Jackson. Quiere hablar con usted...

—¿Alfred Jackson? —la garganta se le seca mientras piensa: *¿El presidente mundial de Next Level quiere hablar conmigo?*— ¡Pásamelo, rápido!

Que Jackson lo llame desde su búnker en el corazón de Manhattan no es cualquier cosa. Tras el protocolario saludo, Luis García comienza a escuchar la más efusiva y gratificante felicitación que jamás haya recibido.

—Luis —¡le ha llamado por su nombre! ¡El presidente mundial sabe su nombre!—, la compañía acaba de incorporar setenta millones de euros a su cuenta de resultados, y tú eres el responsable.

—Gracias, señor Jackson, pero no hice nada que no me corresponda; solo cumplí con mi obligación.

—¡No seas modesto! —Jackson profiere unas palabras que, sin embargo, a los oídos de Luis suenan a alabanza—. Has manejado esta crisis de forma brillante y por descontado que eso quedará reflejado en tu salario, y no me refiero solo al hecho de que tu sueldo está ligado a la consecución de objetivos. NLC quiere gratificar como corresponde tu pericia y tu profesionalidad. Me gustaría verte pronto por aquí e invitarte a mi restaurante favorito.

—Será un honor, señor Jackson…

—¿Eso significa que aceptas el ofrecimiento?

—Por supuesto, lo acepto encantado.

—Pues el martes próximo el *Gulfstream* de la compañía estará esperándote en la Terminal 1 del aeropuerto de Barajas para traerte a Nueva York.

Luis García se quedó mudo de asombro. No solo pasaría un día con el inaccesible presidente mundial de *Next Level*, quien había ocupado portadas y llenado artículos en *Time*, *Newsweek* y *Wall Street Journal*, sino que tendrá el privilegio de viajar en el G650, un súper avión de cincuenta millones de euros, reservado solo para los más altos ejecutivos y los diecisiete clientes multimillonarios de la compañía.

—Por cierto —la voz de Jackson lo sacó de su ensoñación—, olvídate de corbatas, chaquetas y monsergas; ven cómodo, quiero que sea un día relajado.

1

Crisis

*Las crisis atemorizan, pero suelen ser el cierre
de una etapa y la inauguración de otra.*

- J. L. Navajo

Es viernes y he llegado hace apenas unas horas.

El pasado martes fue el de mi hundimiento.

Sentí miedo… En el enorme sentido de la palabra.

Nunca me intimidaron los problemas. Ni las luchas y escaramuzas propias de la vida o los vaivenes de la empresa lograron nunca arredrarme. Y de pronto ese martes todo se derrumbó; o más exactamente, fui consciente de que mi entorno era un paraje en ruinas desde hacía tiempo, sin que yo hubiera sabido verlo.

Caer en la cuenta de que mi existencia siempre había sido una mentira fue un golpe demoledor. Sentí que mi estructura se desmoronaba y mi vida se vino abajo. De tal calibre fue el tsunami, que barajé varias formas de suicidio, pero todas precisaban de una dosis de valor de la que yo carecía.

Como te digo, llegué aquí hace unas horas. Dejé el escaso equipaje en la habitación del hotel y salí a pasear.

El lugar es delicioso. Lo percibí en cuanto el coche se introdujo en la aldea. Observando la pulcritud de las calles y la exuberancia natural del entorno supe que durante los próximos días mi ocupación predilecta sería recorrer este pueblo que huele a mar, para ingerir y digerir las múltiples vistas que ya desde la ventanilla del automóvil se me antojaron paradisíacas.

Ahora que lo hago, me doy cuenta de que no exageré un ápice. La aldea se encuentra ubicada en la ladera de un monte, por lo que sus calles son todas empinadas, pero la vista es tan cautivadora que hace que cada gramo de esfuerzo valga, sin duda, la pena. Desde cualquier ubicación puede verse el mar que luce su mejor color azul turquesa, y cuyas aguas son de una transparencia tan nítida que no ocultan nada de lo que cobijan en su fondo. La vista se relaja al contacto con la húmeda superficie que se mece dulcemente. Incluso parte de mi ansiedad se disipa, la respiración se sosiega, y algo parecido a la paz inunda mi sistema nervioso central.

¿Qué me trajo aquí?

Es una buena pregunta… Déjame que te cuente:

Vine a este lugar intentando recuperar el deseo de vivir.

Mi trabajo es absorbente; pienso que en exceso. Bien es cierto que está bien remunerado; la gratificación económica que reporta es excelente, pero a cambio lo exige todo. No solo en lo relativo al tiempo, sino que además reclama toda la concentración, cada una de mis emociones, e incluso la salud.

Hace tres años mi vida era, para cualquiera que la observara, un éxito absoluto. Acababa de ser promovido al puesto de gerente de ventas en la multinacional *Next Level Communication*, una compañía líder en el desarrollo de aplicaciones informáticas. Alcanzó tal penetración en el mercado que quitó el sueño a los directivos de *Microsoft* con Bill Gates a la cabeza. Cotiza en bolsa y cada año reparte jugosos dividendos a sus miles de accionistas.

Con treinta y seis años fui el ejecutivo más joven en toda la historia de la compañía en ocupar el flamante sillón de aquel lujoso despacho. Me sentí exultante la primera vez que fui convocado a la reunión del consejo de administración. ¡Iba a ocupar un asiento en la sala de mandos de una compañía con más de cuatrocientos empleados y setecientos millones de euros de facturación anuales!

Desde entonces, mi quehacer en esta firma no ha ido mal. Cometí errores, por supuesto, pero también gestioné con acierto, lo que repercutió en que la facturación de NLC se incrementara el pasado año en un ciento cuarenta por ciento, y los beneficios en un cincuenta y tres por ciento. Logros magníficos, sin duda.

Fui felicitado, laureado, abrazado y compensado económicamente. Mi sueldo era considerable, pero además incluía una cantidad significativa en primas sujetas a la consecución de objetivos.

Como te digo, en apariencia mi vida era un compendio de victorias. Éxito es la palabra que mejor podría definir mi situación en aquel tiempo. Pero seguro que sabes que a menudo las apariencias engañan.

Todo fueron reconocimientos y parabienes, hasta que el desgaste experimentado en alcanzar esas metas decidió pasar factura. Ser visionario, motivador, coach y evaluador, erosiona la naturaleza más fuerte. Eran demasiados sombreros para una sola cabeza, y el sobrecalentamiento terminó por provocarme un cortocircuito allí donde anidan las neuronas.

He llegado a la conclusión de que le di a mi profesión más de lo que merece, pues le entregué también mi matrimonio. Ella, María, me lo advirtió varias veces: *Apenas hablamos. No somos ni la sombra de lo que éramos. Nos hemos convertido en dos extraños que se ven un rato por la noche, comen en la misma mesa, aunque cada vez con menos frecuencia, y duermen en la misma cama, pero entre nosotros se interponen tantas cosas que no logramos conectarnos.*

No quise escucharla, o tal vez no supe hacerlo, no estoy del todo seguro. Hasta aquella noche, cuando al regresar encontré la casa llena tan solo de silencio; ella ya no estaba.

Mil veces desde entonces la máxima acudió a mi mente: *Ningún éxito en la vida compensa el fracaso en la familia.*

Poco tiempo después enfrenté dos feroces enemigos: la tensión en el trabajo y la soledad en el hogar. Cada día, al regresar a casa y cerrar tras de mí la puerta, tenía la sensación de que el silencio se espesaba, adquiría corporeidad y empezaba a acecharme. Llegué a sentir terror de la soledad que me aguardaba en el hogar, por lo que incrementé mis horas en la oficina. Fue cuestión de tiempo que comenzara a percibir los síntomas claros de que un estrés fulminante se asentaba sobre mí como una manta de plomo. Este feroz enemigo no vino solo; acudió con todo su cortejo acompañante: dolor de cabeza, cansancio extremo y constante, insomnio, colon irritable… Todos ellos me invadieron sin misericordia, y mi cuerpo, bajo de defensas, sucumbió a su asedio.

Muy pronto hizo su aparición el más temible de los síntomas: crisis de pánico y ansiedad comenzaron a sucederse con una regularidad desastrosa, desmoronando mi ánimo y tumbando mi cuerpo. La última resultó definitiva, no solo por la intensidad, que fue descomunal, sino porque ocurrió en el momento más inoportuno: durante una reunión del consejo de administración y mientras tenía la palabra Antonio Ortiz, el presidente de NLC en España. Justo después me correspondía intervenir a mí. Había pasado toda la noche preparando el balance de resultados que debía presentar. Trabajé hasta que sentí que me sangraban las retinas, y cuando me acosté casi amanecía. Dormí una hora y media, por lo que llegué a la reunión presa del agotamiento y con las defensas emocionales bajo mínimos. Mientras escuchaba a Ortiz comencé a notar que solo podía hacer eso: oírlo, pues poco a poco dejé de verlo, la vista fue volviéndose turbia como si una neblina pertinaz estuviera asentándose en la sala. Poco después empecé a notar que también las voces se alejaban… o era yo quien lo hacía…

El episodio concluyó con mis huesos en el hospital.

Todos temieron que hubiera sufrido un infarto. Afortunadamente, las pruebas diagnósticas certificaron que mi corazón estaba intacto, pero no así mi sistema nervioso, que estaba deshecho.

2

En busca de reposo

Si tienes el arco siempre tenso, muy pronto lo romperás.

—Gayo Julio Fedro

Resultó interesante el tipo de terapia que me aplicaron: medicamentos para el cuerpo y consejos para el alma. Me impresionó especialmente la visita del psicólogo. Apenas hubo tomado asiento junto a mi cama, lo miré con gesto de sospecha.

—Oye, *Doc* —abrevié su título de doctor, tomándome una confianza que nadie me había otorgado—, no quiero que te ofendas, pero ¿de verdad crees que necesito tu ayuda? Hasta donde sé no estoy loco.

—Por supuesto que no lo está —sonrió—, y tampoco es mi cometido tratar a personas alienadas, pero sí a los agobiados. Y puedo asegurarle, señor García —el tono de voz denotaba cordialidad, pero su lenguaje establecía la justa frontera del respeto—, que usted lo está, y mucho.

—¿Agobiado? Sí, en eso te doy la razón —admití.

—Pero no se preocupe ni piense que lo que le ocurrió es algo horrible —quiso tranquilizarme el doctor—. Lamentablemente, lo que a usted le ha pasado le ocurre al ochenta y cinco por ciento de la población —me miró con simpatía—. Casi nueve de cada diez personas con las que nos cruzamos en la calle están teniendo un estrés más alto del conveniente, y en algún momento de sus vidas eso les pasará factura. Es más —acodándose en sus piernas, juntó ambas manos y apoyó sobre ellas su mentón para decirme—: si su historia, señor García, se convirtiese en libro, casi todos los lectores sentirían que ellos mismos están viviendo momentos de ansiedad similares al que usted padece; cada uno con sus características

23

particulares, por supuesto, pero el estrés y la ansiedad no son una exclusiva de grandes ejecutivos, ni de los altos mandatarios de una nación. Muchas amas de casa sienten una presión emocional más alta de la conveniente, y lo mismo les ocurre a los carpinteros, jardineros, albañiles, docentes o dentistas. Cualquiera que leyera su historia, señor García, podría identificar que tiene focos de estrés excesivo y totalmente nocivo —meditó un instante mesándose la barbilla. Luego añadió—: lo malo es que esa constante preocupación puede derivar en serias consecuencias.

—¿Serias consecuencias? Me estás asustando, Doc —trivializaba con el solo objetivo de intentar quitar hierro al asunto e infundirme algo de tranquilidad, pero en realidad estaba preocupado—. ¿A qué consecuencias te refieres?

—Una ansiedad sostenida por tiempo suficiente puede derivar en depresión, lo que es la epidemia de nuestra era; la reina de las emociones negativas, la depresión. Además, la constante preocupación termina afectando la ocupación…

—¿Cómo has dicho, *Doc*? —interrumpí—. Esa última frase, por favor…

—La preocupación afecta la ocupación —repitió.

—¡Eres un filósofo! De verdad, suena bien lo que dices. ¿Qué es eso, filosofía o inteligencia emocional? El otro día me dijo una de mis secretarias que el siglo XX fue el del coeficiente intelectual y el XXI el de la inteligencia emocional. ¡Está hasta en la sopa!

—No sé si es filosofía o inteligencia emocional, pero le aseguro, señor García, que se trata de lógica pura. La constante preocupación termina afectando la ocupación. Sin paz no hay creatividad, y la ansiedad tuerce los resultados de cualquier cosa que hagamos, y por supuesto que afecta también la salud. Como alguien dijo con mucho acierto: la preocupación no quita los problemas del mañana; solo quita la paz y las fuerzas de hoy.

Los desajustes emocionales son la raíz de múltiples enfermedades. Por eso, señor García, hizo usted muy bien en buscar medios para combatir ese estrés tan tóxico.

—Llámame Luis, te lo ruego, y tutéame, por favor. Cuando me llaman por mi apellido me siento acosado por el síndrome de Matusalén.

Rió con ganas el doctor:

—De acuerdo, Luis, no quiero ser culpable de que sufras una nueva crisis de ansiedad.

—Supongo, entonces —le dije—, que si lo que a mí me pasa les ocurre a casi todos, debería sentirme tranquilo, aunque ya sabes lo que afirma el refranero: mal de muchos, consuelo de tontos…

El doctor soltó ahora una sonora carcajada antes de matizar:

—Algo parecido, aunque con un toque más intelectual, dijo Voltaire: *Se pretende que se es menos desgraciado cuando no se es el único en sufrir*. No sé si es cierta la aseveración de ese escritor francés, pero supongo que a ti no te alivia mucho. Cuando mencioné que el estrés es una epidemia de nuestro siglo solo intentaba que no sintieras que perteneces a una especie extraña. Ese mal es algo común… Lamentablemente muy frecuente.

—Créeme, *Doc*, que agradezco que intentes tranquilizarme —repuse—. Realmente me siento agobiado, y aprecio mucho que me ayudes a poner un poco de orden en el caos de mi mente.

Mirando ahora esa escena con la perspectiva que el tiempo confiere a las cosas, me parece interesante que el doctor aludiera a la posibilidad de que mi historia se escribiese y que, cuando eso ocurriera, muchos se sentirían identificados con la situación de ansiedad que sufría, porque mientras ahora redacto estas líneas me pregunto si será verdad que quien lo lea estará sintiendo algo así. Aunque para ser honesto debo confesar que a menudo, en la soledad de mi escritorio, tengo la sensación de que lo que hago es trazar en el aire letras transparentes que nadie nunca verá. Me he preguntado varias veces: ¿por qué vivir con ansiedad cuando fuimos diseñados para la paz?

Pasado lo peor de la crisis, psicólogo y empresa se pusieron de acuerdo para intervenir. Siguiendo indicaciones del doctor, NLC me prescribió reposo. En realidad, lo que la alta jerarquía de la multinacional persigue es saber si soy recuperable; por eso me enviaron a este lugar. Han premiado mis logros y mi sacrificio con unas vacaciones de dos semanas en un hotel de lujo. Sé bien que no se trata de un gesto altruista, sino de un control de viabilidad; no es una gratificación, sino un examen.

Este detalle me lo reveló mi amigo Felipe, el director financiero de la compañía.

—Luis, ¿te ves con fuerzas de abandonar unas horas tu encierro en casa para tomar una copa conmigo? —me dijo Felipe Reyes al teléfono aquella tarde.

Poco después estábamos sentados bajo un rayo de sol en la terraza de una cafetería.

—No me andaré con rodeos —dijo Felipe después de dar el primer sorbo a su *gin-tonic*, y el rictus de preocupación en su gesto me puso en guardia—. Me considero tu amigo y por eso voy a contártelo. Si tú también me consideras amigo actuarás como si nunca te hubiera dicho lo que voy a decirte, porque al hacerlo estoy traicionando a las vacas sagradas de NLC. Ellos nunca deben saber que te he compartido esta confidencia.

Con un preludio así, Felipe solo logró inyectarme inquietud en las venas. Estuve a punto de pedir un Tranquimazim para mezclarlo con mi Coca Cola. Me visualicé agarrando a mi amigo por las solapas: "Déjate de monsergas. ¿Qué es eso que tienes que decirme?".

—Quieren prescindir de ti…

—¿Cómo? —si un caballo me hubiera dado una coz en el estómago, no me habría producido tanto impacto—. ¿Quién? ¿Qué dices?

—NLC te considera un recurso quemado.

—¿NLC? ¿Quién de NLC? ¿Estás hablándome de Antonio Ortiz?

—Estoy hablándote de todos… O casi todos —se inclinó hacia mí acodándose en la mesa. Pude ver dolor en su gesto—. El presi —y aclaró—:

Ortiz te aprecia y todo el consejo de administración también, pero como bien sabes, en estos días tuvo lugar la asamblea de accionistas…

—Lo sé; dudé sobre si debía o no acudir a esa asamblea, pero el médico lo desaconsejó.

—Fue mejor que no acudieras —lo dijo con contundencia—. La asamblea de accionistas se convirtió en la rebelión de los accionistas, y tú fuiste uno de los puntos principales en el orden del día… Muchos pidieron tu cabeza. Argumentaban que el departamento de ventas es el brazo ofensivo de la empresa, y que si ese brazo está tocado, entonces la empresa está manca… Piden tu relevo.

Guardó silencio, como esperando que diera mi opinión, pero, ¿qué podía decir? Yo estaba mudo de desconcierto y también de dolor. Ante mi silencio, Felipe continuó:

—Hace tres días tuve delante la carta donde se te comunica el cese, y me pidieron que calculase tu finiquito. Quieren ponerte de patitas en la calle.

—¿Qué piensa de esto Alfred Jackson?

—¿Dios? —así era como nos referíamos al mandamás mundial de NLC—. ¿Crees que a él le importa algo tan mínimo como que se sustituya a un peón de nuestro pequeño tablero de ajedrez?

—Yo no soy un peón —espeté. Habría perdido la salud, pero no la dignidad, y conocía perfectamente mi peso en la compañía—. He volado en el avión privado de Alfred Jackson, he almorzado con él…

—¡Por Dios, Luis, no seas tan ingenuo! —se dejó caer hacia atrás como noqueado por mi tímido argumento—. ¿Acaso piensas que el *boss* se enamoró de ti? ¿Es que saliste ayer de la escuela de negocios? ¡Tú no le importas nada! Lo que le fascinó fue tu cuenta de resultados, pero no tú. Tu valor como persona tiene tantos ceros como las contrataciones que consigas. ¿Es que no lo sabes todavía?

Primero enmudecí, con el corazón martilleándome en el cuello y la cara enrojecida. Intenté, no obstante, mantener frente a mi amigo la elegancia natural adquirida gracias a años de relaciones empresariales al máximo nivel, pero en mi interior supe que me hundía en el desaliento. Ahí, esa tarde del primer martes de mayo, bajo ese rayo de sol, sentí que el miedo arañaba mis tripas.

—Medié por ti, Luis —continuó Felipe intentando infundir algo de esperanza al negro panorama—. Pedí que se te diera la oportunidad de recuperarte. Escucharon mi ruego y han decidido brindarte una terapia de reposo para ver si de verdad no eres un cartucho quemado —palmeó mi mano que tenía como muerta sobre la mesa, antes de reconocer—: pero no puedo ocultarte que la lupa de la alta jerarquía está puesta sobre ti. Aprovecha tu tiempo de descanso porque el objetivo de enviarte a descansar es averiguar si podrás seguir siendo rentable para NLC —guardó silencio antes de sentenciar—. Si el resultado es negativo, no les temblará el pulso a la hora de "liquidarte".

Se marchó mi amigo, no sin antes darme un prolongado abrazo. Llamé al camarero y, pese a que el *Doc* me lo había prohibido mientras tomara los medicamentos prescritos tras el fulminante ataque de pánico y ansiedad, le pedí que echara un buen chorro de ron en mi Coca Cola. Tras darle un largo sorbo, miré fijamente el contenido de mi vaso, y recordé el discurso que Brian Dyson dio el día en que se despedía de su cargo como presidente de la compañía que fabricaba el refresco que en ese instante yo bebía mezclado con ron.

Imagina la vida como un juego en el que haces malabares con cinco pelotas en el aire. Estas son: tu trabajo, tu familia, tu salud, tus amigos y tu vida espiritual, y tú las mantienes todas en el aire.

Pronto te darás cuenta de que el trabajo es como una pelota de goma. Si la dejas caer, rebotará y regresará. Pero las otras cuatro: familia, salud, amigos y espíritu son frágiles, como de cristal. Si dejas caer una de estas, irremediablemente saldrá astillada, marcada, mellada, dañada e incluso rota. Nunca volverá a ser lo mismo.

Debes entender esto: apreciar y esforzarte por conseguir y cuidar lo más valioso. Trabaja eficientemente en el horario regular de oficina y deja el trabajo a tiempo. Dale el tiempo requerido a tu familia y a tus amigos. Haz ejercicio, come y descansa adecuadamente. Y sobre todo…crece en tu vida interior, en lo espiritual, que es lo más trascendental, porque es eterno.

Shakespeare decía: Siempre me siento feliz, ¿sabes por qué? Porque no espero nada de nadie; esperar siempre duele. Los problemas no son eternos, siempre tienen solución. Lo único que no se resuelve es la muerte.

La vida es corta, ¡por eso, ámala!

Vive intensamente y recuerda: Antes de hablar… ¡Escucha! Antes de escribir… ¡Piensa! Antes de criticar… ¡Examina! Antes de herir… ¡Siente! Antes de orar… ¡Perdona! Antes de gastar… ¡Gana! Antes de rendirte ¡Intenta!

ANTES DE MORIR… ¡¡VIVE!!

Rememorando el magistral discurso y con mis ojos fijos en el contenido de mi vaso, me di cuenta de que la única pelota que yo había mimado a lo largo de mi vida era precisamente la de goma… La menos importante… La que siempre sería recuperable. Sin embargo, las otras, las delicadas e irrecuperables, las descuidé y permití que se rompieran. Alteré de la peor forma posible toda mi escala de prioridades. Por eso mi familia, mi salud, mi entorno y mi vida interior eran ahora auténticas ruinas.

Un poco más tarde, ya en casa, intentaba dormir sin conseguirlo. A mi soledad interior se sumaba ahora una asfixiante sensación de desamparo. En mi cuarto todo era tranquilidad, silencio absoluto. Pero no así en mi interior, donde escuchaba mil preguntas que iban y venían en un bucle infinito: ¿Qué me queda? ¿Qué hay en mi futuro? ¿Hay algo en mi presente?

Me desesperé.

La angustia me mordía por dentro.

Eso ocurrió el martes pasado, el día en que mi vida se desmoronó.

Para la deslumbrante NLC, que yo lo hubiera dado todo no tenía la más mínima importancia. Si no tenía nada más que dar sería excluido, expulsado, desterrado...

Ahora ya lo sabes. Soy un líder empresarial de éxito que se ha quemado en acto de servicio, y ha sido ingresado en la Unidad de Cuidados Intensivos (UCI) de la mente, y en el pabellón de terminales para enfermos del alma.

Vine a esta aldea buscando el sosiego y, si soy capaz de hallarla, también la paz. Llevo meses sin saber lo que es dormir a pierna suelta. La angustia me hace difícil conciliar el sueño y, cuando lo logro, multitud de imágenes inquietantes lo inundan, por lo que casi siempre amanezco más cansado de lo que me acosté.

Bueno, ya me conoces un poco, y sabes, además, lo que me trajo hasta aquí. Espero que mi discurso no te haya desanimado, pues es ahora cuando comienza lo verdaderamente interesante.

3

¿Quién es Selah?

Daría todo lo que sé, por la mitad de lo que ignoro.

- René Descartes

En mi primera caminata decidí acercarme al paseo marítimo.

Fue un acierto.

Bien es cierto que al salir del hotel y empezar a caminar eché en falta mi flamante *BMW 760Li Sterling*. Aun Antonio Ortiz dio muestras de recelo cuando me vio entrar al parking de directivos de NLC con ese ejemplar único de acabado sublime.

—O mucho me equivoco o esa máquina te ha costado más de doscientos ochenta mil euros —dijo, soltando un silbido de admiración.

—Doscientos ochenta y cinco mil, para ser exactos —afirmé.

—¿No te parece mucho dinero para un coche? —sugirió mientras soltaba la puerta de su *750Li*.

—El tuyo también es un buen ejemplar…

—No me fastidies —dijo—. Mi coche parece chatarra al lado de esa pieza de alta joyería motorizada.

—Bueno, siempre he pensado que nuestros clientes merecen ser paseados en los mejores vehículos, y te aseguro que sobre los asientos de esta joya —di dos palmadas en la brillante carrocería de mi *Sterling*— se firmarán jugosos contratos para NLC —apelé a los intereses de la compañía intentando justificar que el director comercial se desplazase sobre más euros que el propio presidente de la corporación.

Así que en ese primer paseo extrañé mi lujoso coche, pero pronto percibí que el alegre bullicio penetraba por cada uno de mis sentidos, curándome un poco de mi ataque de melancolía.

Montones de personas caminaban por el hermoso paseo que discurre ceñido al mar. Los vendedores ocupaban la acera dejando apenas un pasillo para los transeúntes, y gritaban las bondades de sus mercancías: bolsos de mujer, camisetas, gafas de sol, relojes... Todo lo que uno pueda imaginar estaba expuesto y cuidadosamente colocado sobre mantas que cubrían el suelo.

La avenida va dejando el Mediterráneo a su derecha y desemboca en la Plaza de las Acacias, una amplia glorieta que debe su nombre a los árboles que la llenan. Quince ejemplares, todos de la misma especie, ocupan gran parte de la plaza. Sus frondosas copas se tocan, sumiendo el espacio en una refrescante sombra que lo hace propicio para descansar a resguardo del sol en cualquier hora del día.

La cafetería y la heladería, únicos comercios de la glorieta, colocan mesas y sillas al amparo de las acacias, para que los visitantes puedan sentarse a degustar helados o combatir el calor a base de refrescos. El suelo, que mantienen sin asfaltar, se riega con frecuencia, evitando así que se levante polvo y logrando un agradable olor a tierra mojada.

Cuando el sol fue engullido por el mar y la noche se desplomó sobre la aldea, entré a la plaza. Mi pésimo estado de ánimo me hacía sentir rival de todo y de todos, así que me introduje sintiéndome un intruso: como si lo que me disponía a hacer, tomar un refresco y observar, constituyera la violación de algún derecho sagrado. Ocupé un asiento en la mesa más apartada de todas, y desde allí observé el alegre ambiente que reinaba en el lugar. Mientras aguardaba a que me atendieran, tomé una servilleta de papel del dispensador que había sobre la mesa. Llamó mi atención que bajo el nombre del comercio que aparecía impreso en la servilleta con tinta azul, hubiera una frase destacada en tinta roja: *Es importante alcanzar nuestros sueños, pero más importante aún es tener a alguien junto a quien soñar.*

Entorné mis ojos en un gesto de sospecha y volví a leer aquella sentencia que me inspiraba e incomodaba, a partes iguales. La imagen de María, la persona junto a la que, hasta hacía siete meses había compartido mis sueños, surgió de los archivos de mi mente y quedó flotando en la superficie de mi conciencia.

Pronto se acercó una sonriente muchacha y me saludó con dispuesta solicitud:

—¡Bienvenido a la cafetería Las Acacias, caballero! ¿Qué le apetece tomar?

Miré la placa con su nombre, que llevaba prendida en el delantal.

—Buenas noches, Clara —en la formación que NLC concede a sus ejecutivos enseñan lo importante que es dirigirse a alguien por su nombre—. ¿Serías tan amable de traerme un jugo de naranja? Con un poco de hielo, por favor —también me enseñaron que hay tres llaves que abren casi todas las puertas: por favor, gracias y una sonrisa.

Mientras esperaba, seguí recreándome en el ambiente que me rodeaba; era tranquilo y a la vez alegre. Con cierto alivio percibí una sensación próxima a la quietud. Sin duda que unos días en ese lugar resultarían reparadores para mí.

No pasaron ni tres minutos antes de que Clara llegase trayendo mi bebida.

—Muchas gracias —le dije—. Por cierto, me llamó la atención esta frase que aparece en la servilleta de papel…

—Lo entiendo —respondió sin dejar de sonreír—. Si viene por aquí en otra ocasión, verá que cada día cambiamos esas servilletas y siempre podrá leer un pensamiento diferente. Es una característica de este negocio; queremos que nuestros clientes se relajen a la vez que meditan en cosas instructivas. Por cierto —introdujo su mano en el bolsillo del delantal y me pasó una servilleta similar a la que yo le mostré, cuidadosamente doblada—, esta es de ayer. La frase me pareció tan buena que quise guardarla para leerla de vez en cuando.

—*Los aciertos estimulan, los errores enseñan* —leí en voz alta—. ¡Vaya frase! ¿Quién es el autor?

—Todas las frases que aparecen impresas pertenecen a Selah…

—¿Selah? —repliqué—. ¿Es el dueño de este negocio?

—No. Selah es una persona que visitó varias veces esta aldea y cada vez que lo hizo trajo… —la muchacha meditó un instante y se rascó la cabeza, como buscando la expresión más adecuada. Finalmente reconoció—: No sé bien cómo explicar lo que ese hombre aportó a este pueblo.

—¡Vaya! —dije—. Ni que fuese un ángel…

—¡Eso es! —exclamó la chica—, como si un ángel nos hubiera visitado. Esa es la sensación que nos quedaba cada vez que Selah venía.

—¿Sabes si vendrá en estos días?

—No lo creo —comentó ella—. Lamentablemente hace años que no lo vemos. La última vez que nos visitó ya era muy mayor. Temo, incluso, que ya no viva…

En ese momento reclamaron la atención de Clara desde otra mesa y yo quedé sumido en mi reflexión.

Dos de dos.

Las dos sentencias de Selah habían dado en la diana de mi conciencia. De un lado, era ahora plenamente consciente de que alcanzar mis mejores sueños no lo era todo si faltaba alguien junto a quien soñarlos. Lo que más me dolía de esa situación es que mi relación con María no se quebró por causa de terceras personas, sino que yo la quebré. María me amaba con todas sus fuerzas, pero yo congelé ese amor a golpe de distancia e indiferencia. Sin embargo, recordando la frase de la servilleta que Clara me mostró, llegó la esperanza de que los errores que había cometido en el pasado, incluido el que me hizo perder a mi esposa, pudieran convertirse en maestros con los que construir mi futuro. Eso supuso bálsamo sobre la herida abierta.

—¡Vaya con Selah! —repliqué en voz alta, como si hubiera alguien a mi lado.

Cuando un par de horas más tarde llegué al hotel, no tenía sueño. Tantas emociones concentradas me mantenían estimulado en exceso. Observé que junto al vestíbulo había una cafetería con una amplia terraza exterior desde la que se veía el mar. La decoración tenía toques clásicos combinados con detalles modernos. Unos amplios sillones de aspecto confortable, pero que evocaban tiempos pasados, se veían rodeados por lámparas tan modernas que parecían excéntricas, bajo las cuales había unas mesas esculpidas en el mismo tronco de diversos árboles.

Tomé asiento en uno de los confortables sillones a cuyo lado había una de esas llamativas mesas, y vi que en la superficie de madera lucía una frase grabada: *Para esto que llamamos vivir hay cosas que son buenas, luego están las importantes y por fin las que de verdad importan. Distinguirlas y dar a cada una el lugar que le corresponde, eso se llama sabiduría.*

Tuve firmes sospechas sobre la autoría de ese pensamiento, y meditando en él me abstraje en la hermosa vista que ofrecía la terraza del hotel. Permanecí un rato disfrutando de la apacible temperatura hasta que comencé a notar que el cansancio del viaje hacía su efecto, y los ojos se me cerraban. Me dirigí entonces a la habitación, y al pasar frente al mostrador de recepción comenté al empleado que lo atendía:

—Oiga, esa frase que hay grabada en la mesa de la terraza…

—¿Se refiere a las frases de Selah? —me dijo—. Sí, cada mesa tiene una diferente. Son bonitas, ¿verdad?

—Ni una sola tiene desperdicio —repuse un tanto abrumado al oír de nuevo nombrar al autor de tanta sabiduría—. Son realmente inspiradoras.

Poco después, tumbado en la enorme cama de mi habitación, un apacible sueño me envolvió. El viaje, las emociones del nuevo lugar, los pensamientos que se concentraban en mi mente y... Selah. ¿Quién era Selah? ¿Cómo sería?

Pronto quedé dormido con el eco de una última pregunta en mi mente: ¿Habrá alguna posibilidad de conocerlo?

El faro

*Es posible que hoy, aún sin tú saberlo, estés
siendo faro en la tempestad de alguien.*

- J. L. Navajo

Tal y como luego me informaron y yo mismo pude comprobar, en las horas siguientes las cosas ocurrieron así:

La noche se cernió sobre la aldea. Casi todos dormían cuando una espesa nube se tragó la luna, y densas tinieblas cayeron sobre el pueblo apostado junto al mar. De pronto, un haz de luz se dibujó en el lienzo de la noche como desafiando a la densa oscuridad, y se movió en sentido giratorio. En su recorrido dibujó un sendero en el mar antes de proyectarse sobre las casas que componen el pueblo. Cuando la luz llegó a un punto determinado, pareció detenerse un instante. Luego volvió a moverse hasta alcanzar el negro horizonte y, por último, retornó sobre el camino realizado, completando así el ciclo.

Era el faro.

El viejo faro abandonado que corona un acantilado próximo a la aldea. Esa torre del mar que supuestamente llevaba años apagada, acababa de lanzar un mensaje de luz. ¿Lo habría visto alguien?

Sí.

Alguien lo vio.

El bueno de Tomás descansaba sobre su cama. Nació ochenta y tres años atrás en ese mismo pueblo, lo que le había permitido ver pasar a cientos de personas por la aldea. Demasiadas de ellas ya no estaban, incluida su esposa Rebeca. Muy a pesar suyo él la sobrevivió, aunque después de la separación ya nada fue como antes. Entre las cosas que Tomás había dejado en el camino no solo se encontraban cabellos, dientes y energía; también le había abandonado el sueño. Por eso ahora daba vueltas y más vueltas sobre la cama que se le antojaba demasiado grande desde que su fiel compañera muriese. Ni el agotador día que, a pesar de su edad, había dedicado a trabajar en su carpintería, era suficiente para hacerle dormir. Lo decía con frecuencia: *Cada vez preciso menos de los brazos de Morfeo...* Y cuando por fin sucumbía al sueño, este era tan frágil que el vuelo de una mosca lo despertaba. Por eso, porque estaba despierto, su atención fue atraída por el resplandor que se proyectó sobre su ventana.

Se incorporó a tiempo de ver cómo la luz que emitía el faro retrocedía antes de apagarse.

—¡Santo Dios! —exclamó Tomás estremecido—. Cuídanos.

De inmediato recordó la leyenda que circulaba por esa aldea: *Cuando el faro abandonado se enciende, anuncia vida o anuncia muerte. Solo el tiempo devela el enigma.*

—¿Qué anunciará en esta ocasión la vieja torre del mar? —se preguntó angustiado.

La visión de Tomás estaba fatigada por los años. Por eso solo le pareció ver brumosamente la silueta de un hombre que, apoyado en la baranda metálica que circundaba la parte más alta del faro, miraba hacia la cercana aldea. Se frotó los ojos y volvió a mirar, pero ya solo vio la imponente silueta de la torre recortada en el negro horizonte.

—¡Tonterías! —se dijo en tono de reproche—. La imaginación me ha jugado una mala pasada; ese viejo faro está tan vacío como mi billetera a final de mes.

No muy lejos de allí, también yo desperté.

Había dormido apenas dos horas, pero el cóctel de emociones que se agitaba en mi interior me despertó, y al abrir los ojos me noté tan despejado que supe que me sería imposible volver a conciliar el sueño, especialmente cuando mi mente, ingobernable, me llevó al lugar más terrible de mi pasado: el de la imposibilidad de olvidar. Los recuerdos se agolparon para atormentarme, cada uno a su manera: los hermosos porque los añoraba; y los terribles, los que revolvían mi culpabilidad, porque me señalaban con el dedo.

Miré al techo de la habitación y me sentí lo que era: un ser desvalido, escupido al mundo y abandonado a su suerte. Aterradoramente solo. Luchando contra el asedio de recuerdos y sentimientos, salté de la cama y busqué como aliada a la cafetera de cortesía que el hotel dispuso en la habitación. Pulsé el botón de encendido, introduje la cápsula en el compartimiento previsto a tal fin, y esperé a que se encendiera la luz que indicaba que la cafetera había alcanzado la temperatura y presión adecuadas. Entonces le di al interruptor y enseguida un hilo de líquido negro se precipitó a la taza, a la vez que un delicioso aroma llenaba la habitación.

Salí al balcón a degustar aquel café recio y cremoso. La temperatura había caído algunos grados, pero aun así era agradable. Respiré profundamente el olor que se alzaba del mar y que me infundía energía. Luego me senté frente a la pequeña mesa de resina blanca, saqué un cuaderno rojo que había echado a la maleta con el objetivo de volcar en él mis reflexiones, y comencé a escribir:

+ *Para esto que llamamos vida hay cosas que son buenas, luego están las importantes, y por fin las que de verdad importan. Distinguirlas y dar a cada una el lugar que le corresponde, eso se llama sabiduría.*

+ *Los aciertos estimulan, los errores enseñan.*

+ *Es importante alcanzar nuestros sueños, pero más importante aún es tener a alguien junto a quien soñar.*

Releí las frases varias veces en voz alta. Eran las sentencias de Selah, y quería memorizarlas para repetírmelas con frecuencia.

Enseguida, con la capacidad de síntesis de quien es fiel adepto a *Twitter*, rehice la primera frase para condensarla en menos caracteres. Apreté el bolígrafo como si quisiera grabar las palabras sobre la superficie blanca: *Para vivir hay cosas que son buenas, otras importantes y otras que de verdad importan. Distinguirlas y ordenarlas, eso se llama sabiduría.*

—¡Ahora sí! —me dije—. Ya tiene la extensión adecuada para compartirlo con todos mis ejecutivos de ventas a través de la red social.

Mantuve la vista fija en el cuaderno. La tinta roja brillaba sobre la superficie blanca de papel. Sonreí al recordar cómo en las reuniones del consejo de administración de NLC bromeaban conmigo al verme tomar notas en mi bloc de páginas cuadriculadas. Todos ellos registraban sus anotaciones en tabletas electrónicas de última generación que la empresa nos proporcionaba gratuitamente, y les parecía inconcebible y casi imperdonable que un ejecutivo de mi talla, representando a una compañía de innovaciones tecnológicas, ejerciera con recursos tan trasnochados. Pero nunca me importó que me llamaran espécimen antediluviano. Disfruto de la sensación de ver la punta fina del rotulador deslizarse sobre el papel, dejando un reguero de tinta que, como siempre escribo en rojo, me hace pensar que inoculo sangre, pasión y vida a mi trabajo.

Ahora, sentado frente a la mesa, miraba las sentencias recién escritas. Las observé con tal fijeza que las frases parecían fundirse, mezclarse, conjugarse... y tras un instante de reflexión comencé a redactar un pensamiento que tomaba forma en mi mente:

Liderar es influir, y en esta aventura acertar es bueno, sobreponerse a los errores es importante, pero tener alguien junto a quien enmendar los fallos de hoy y soñar los triunfos del mañana... eso es lo que de verdad importa.

Fue en ese momento, justo al terminar de escribir la frase, cuando un resplandor atrajo mi atención. Al alzar la cabeza vi el haz de luz.

—¡Qué extraño! —repliqué—. No había reparado en que hubiese un faro en este pueblo.

Fijé la mirada en el reflector que fue trazando su recorrido circular.

La segunda vez que proyectó la luz sobre mi balcón, yo habría jurado que la gigantesca linterna se detuvo unos segundos para luego retomar su ciclo.

Sin darle mayor importancia pasé al dormitorio a servirme una segunda taza de café, y esta vez me dispuse a saborearla recostado en la cama. Estuve esperando a que la luz volviera a iluminar el balcón, pero aguardé en vano. Extrañado, salí y busqué el faro. A lo lejos se recortaba su perfil oscuro, pero el reflector estaba apagado.

—¡Qué cosa más extraña! —me dije.

El Cuaderno Rojo de Luis

Primer Día

Para esto que llamamos vivir hay cosas que son buenas, luego están las importantes y por fin las que de verdad importan. Distinguirlas y dar a cada una el lugar que le corresponde, eso se llama sabiduría.

Los aciertos estimulan, los errores enseñan.

Es importante alcanzar nuestros sueños, pero lo es más tener a alguien junto a quien soñar.

Hoy aprendí que:

Liderar es influir y en esta aventura acertar es bueno, sobreponerse a los errores es importante, pero tener alguien junto a quien enmendar los fallos de hoy y soñar los triunfos del mañana... eso es lo que de verdad importa.

En definitiva:

Si vamos a edificar un imperio, comencemos edificando nuestro hogar, pues será el cuartel general que condicionará todas las decisiones.

5

Una historia inquietante

*Un soñador es el que puede encontrar su camino
con la luz de la luna, y su premio es que ve el
amanecer antes que el resto del mundo.*

- Oscar Wilde

Después de la segunda taza de café, el cansancio reapareció y volví a quedarme dormido. Así soy yo; la cafeína que supone un estimulante para la mayoría, en mí actúa como somnífero. Desperté cerca de las diez de la mañana y bajé al restaurante para disfrutar de un equilibrado desayuno a base de frutas, cereales y jugo de naranja.

Fortalecido por la comida, decidí caminar hasta el faro.

El trecho a recorrer era largo, pues la ubicación del faro resultaba estratégica: bien alejado de la contaminación lumínica del pueblo para que ningún fulgor atenuase los mensajes que la torre enviaba a los navegantes. Para hacerlo más visible, el faro fue construido sobre un alto acantilado, por lo que llegar a él implicaba una larga y dura caminata, pero entre paradas para contemplar el mar y otros descansos en los que me dediqué a tomar fotografías, sin apenas darme cuenta llegué al pie de aquella torre del mar.

De cerca me resultó más alto de lo que parecía en la distancia. Le calculé treinta metros de altura. Aunque lucía muy desgastado por el paso de los años y la acción del salitre, no había perdido la apariencia de imponente fortaleza.

Cada tres metros, aproximadamente, una ancha cenefa de color azul circundaba la estructura como un anillo. Sobre cada una de ellas había ventanas cuadradas protegidas por contraventanas también azules. Cuatro en cada nivel, permitiendo otear los cuatro puntos cardinales. La torre, decorada con seis anillos azules y siete niveles de ventanas, iba afilándose a medida que ascendía, como si su pretensión fuera hincarse en la panza del cielo.

En lo más alto había una estructura metálica que sobresalía varios metros a modo de balcón, y circundaba todo el perímetro del faro. Ese balcón estaba ahora lleno de gaviotas que llenaban el aire con sus rotos graznidos. Por último, la torre estaba coronada con una especie de caperuza azul y rematada en un agudo pararrayos.

Aunque se apreciaban los tonos azules y blancos originales, era obvio que el faro se encontraba en un estado de abandono lamentable, con muchos desconchones en la pared y gran cantidad de óxido recubriendo las contraventanas que protegían los miradores.

—Aseguran que de vez en cuando se ilumina…

La voz sonó a mis espaldas provocándome un sobresalto. Al girarme encontré a un anciano que me observaba con gesto bondadoso. Estaba recostado en el pequeño muro que delimitaba la acera y protegía de la caída al acantilado, y sus dos manos descansaban sobre un nudoso bastón de madera.

—Me ha asustado —le dije riendo, y luego saludé—. ¡Buenos días!

—Lamento haberlo asustado —se disculpó el anciano mientras me tendía la mano derecha en forma de saludo—. Mi nombre es Tomás, vivo en este pueblo. Usted es turista, ¿verdad? Lo digo porque no lo había visto antes por aquí.

—Me llamo Luis —dije mientras estrechaba su mano—. Elegí esta aldea para descansar unos días y estoy alojado en el hotel.

—Vi que contemplaba el faro con mucho interés.

—Me gustan los faros marinos; me da la sensación de que están envueltos en un halo de misterio.

—A mí me ocurre lo mismo —afirmó Tomás—. Y puede estar seguro, Luis, de que si hay un faro que tenga historia es este. Fue levantado en la segunda mitad del siglo diecinueve...

—¿En el siglo diecinueve? —exclamé impresionado.

—Como lo oye —ratificó—. Fue en ese tiempo cuando comenzaron a construirse faros en España y este es de los primeros, así que puede imaginarse la cantidad de historias que esta torre podría contarnos si fuese capaz de hablar.

—¿Sabe que...? —me detuve. No estaba seguro de que fuera prudente decirlo, pero finalmente decidí que no tenía nada que perder—. Anoche me pareció verlo iluminado, pero estoy empezando a pensar que fueron figuraciones mías.

—¿También usted lo vio? —Tomás me miró con perpleja intensidad. Luego dirigió la mirada a la vieja lámpara mientras hablaba, y volvió a enfocarme a mí con un gesto de alivio—. ¡Gracias a Dios que no fui el único! A veces tengo miedo de haberme vuelto loco.

—¿Quiere decir que usted también lo vio lucir? —quise asegurarme—. Pero, este faro está abandonado, o al menos lo parece...

—Lo está —aseguró Tomás—. Está abandonado, pero de vez en cuando luce.

—¿Cómo? —repliqué—. ¿Está diciéndome que el faro se ilumina él solo cuando le apetece?

—No dije que se ilumine solo —matizó el abuelo—, solo comenté que de vez en cuando luce. Y al parecer no es de forma casual, porque la aparición del destello siempre coincide con algún hecho importante.

—¿Perdón? No estoy seguro de haberlo entendido bien.

—Vivo en este pueblo desde hace ochenta y tres años —afirmó—. De ellos, setenta y tres con, más o menos, uso de razón. Lo que voy a contarle lo he vivido… No lo he soñado ni tampoco lo he leído, sino que lo he vivido. ¿Me entiende?

—Le entiendo —respondí abrumado por lo que me pareció un exceso de pasión en el discurso de Tomás.

—En una ocasión, un niño cayó al mar —relató el anciano—. El muchacho no sabía nadar y no había nadie cerca, pero el crío relató que, de repente, se vio fuera del agua, sano y salvo. Algunos afirman que, coincidiendo con la hora del accidente, vieron que el faro lucía. Otros aseguran que detectaron la presencia de un desconocido por los alrededores, al parecer era una persona de mucha edad, y a él le atribuyen el rescate del niño.

Me senté en el pequeño muro para seguir escuchando con atención. Tomás, consciente de mi interés, continuó con su relato:

—En otra ocasión, Luisa, una vecina del pueblo, salió a pasear por el monte y se vio sorprendida por una gran tormenta. Completamente desorientada, cometió el error de seguir caminando, alejándose del pueblo cada vez más. Estuvo desaparecida durante cuarenta horas. El pueblo entero salió en su busca, pero no aparecía por ningún lado. Después de todo un día rastreando la zona, muchos la daban por muerta. En estos parajes abundan los acantilados camuflados entre los matorrales, y es fácil caer por uno de ellos. Uno de los grupos mantuvo la búsqueda durante la noche y afirmó haber visto encendida la lámpara del faro. Aseguraron, incluso, que el haz de luz les marcó la zona donde, diez minutos después, localizaron a Luisa. Por si fuera poco, ella contó que un anciano, a quien jamás había visto, le indicó que dejara de caminar, señalándole un árbol donde debía esperar. Allí la encontraron.

—¿Fue el mismo que rescató al niño?

—¿Perdón?

—La persona que le dijo a esa mujer que se quedara junto al árbol, ¿fue la misma que salvó al niño?

—No pudimos precisarlo —reconoció—. Pedimos a Luisa que intentara describir el aspecto de aquel hombre, pero apenas dio detalles, el lugar estaba muy oscuro, y ella demasiado cansada y asustada. Solo dijo que le había parecido que era de raza negra.

—¿De raza negra? —inquirí.

—Como lo oye.

—¡Vaya! —repliqué en un tono que traslucía desconfianza—. Si lo que me cuenta es cierto, y si también lo es que el faro lució esta noche, entonces algo importante puede estar ocurriendo en este momento...

—Otras veces, sin embargo —continuó Tomás sin hacer caso al recelo que teñía mi comentario—, la luz del faro ha coincidido con muertes repentinas, e incluso con crímenes atroces. Los aldeanos dicen que cuando el faro se enciende anuncia vida o anuncia muerte.

Solté un silbido y sacudí la mano. Estaba impresionado por el intrigante relato.

—Estos pueblos están llenos de leyendas —dije en tono condescendiente—. La vida demasiado tranquila de los aldeanos aviva su imaginación. Pienso que es un mecanismo de defensa frente al aburrimiento.

—¿Piensas que todo son invenciones? —Tomás me miró con simpatía y luego volvió a orientar la vista hacia el faro—. Ojalá en esta ocasión anuncie vida…

Me acerqué a la puerta del faro. Era de madera que en algún momento estuvo pintada de azul, pero ya solo quedaban restos de esa pintura y predominaba un color indefinido de madera hinchada por la humedad y desgastada por el abandono. La empujé en un vano intento de que se abriera.

—Está cerrada —me advirtió Tomás—. Hasta donde yo sé, lleva años sin abrirse.

Fue en ese momento cuando reparé en la pequeña placa que había en la parte superior de la puerta; era metálica, con un texto grabado. Aunque la acción del tiempo hacía que se leyera con dificultad, finalmente logré interpretarla y leí en voz alta:

—Es posible que hoy, aún sin tú saberlo, estés siendo faro en la tempestad de alguien.

—Es una de las famosas frases de...

—De Selah —interrumpí.

—¿Le conoce?

—Jamás le he visto —reconocí—, pero es casi como si lo conociera.

Regresamos juntos al pueblo. Yo me recreaba en las maravillosas vistas frente al Mediterráneo. El paisaje, los sonidos, el olor... todo ejercía un efecto sedante. El rostro de Tomás, sin embargo, traslucía inquietud. Caminábamos muy despacio, adecuándome yo al ritmo del anciano, y de cuando en cuando él se giraba para mirar con preocupación a la misteriosa torre del mar.

Una blanquísima gaviota desplegó su vuelo muy cerca de nosotros, tanto que alcancé a distinguir el color naranja de su pico y el brillo de sus negras pupilas. Al remontarse a la altura liberó su roto graznido que quedó flotando en el aire como un presagio, ¿de vida?

6

Plata en su cabeza y
oro en su corazón

Los árboles más viejos dan los frutos más dulces.

- Proverbio alemán

Atraído por la tranquilidad del lugar, por la simpatía de Clara y, sobre todo, por las servilletas que dispensaban, esa noche decidí regresar a la cafetería de la Plaza de las Acacias. Tomé asiento en el mismo lugar de la noche anterior y rápidamente extraje una servilleta del dispensador:

El hombre sabio instruye e influye sin utilizar las palabras.

Leí el texto varias veces.

—¿Qué le parece la frase de hoy?

—¡Hola, Clara! —saludé a la chica que acababa de llegar y volví a leer la frase, esta vez en voz alta—. *El hombre sabio instruye e influye sin utilizar las palabras.* Clara, ¿a qué piensas que se refería Selah?

—Pues… —titubeó un instante la muchacha—, yo diría que se refería al ejemplo, ¿no le parece? Creo que se refiere a que el ejemplo es la mejor manera de instruir y de influir. Como dijo Albert Schweitzer: "El ejemplo no es lo que más influencia a las personas. Es lo único".

Me quedé perplejo al escuchar la frase citada por Clara.

—¿Puedo preguntarte cómo eres capaz de recitar esa cita del filósofo alemán? —interrogué perplejo.

—La lectura me apasiona —respondió ella con toda naturalidad—. Leo todo y leo siempre, y mientras leo marco, subrayo y escribo en un cuaderno las frases que más me gustan.

—Pues estoy totalmente de acuerdo, tanto contigo como con el filósofo Schweitzer, y me parece una verdad enorme: como dijo alguien, y te confieso que no recuerdo quién fue, las palabras son cera y los hechos son acero.

—¡Vaya! —replicó con su perenne sonrisa—. Esto parece una competencia de frases memorables…

Sacudí la servilleta de papel que tenía en la mano.

—Lo interesante es que cada una de estas citas son pilares para construir de forma intencional. No sé si seleccionáis adrede las frases, pero da la impresión de que edifican una sobre la otra. Las que ayer me mostraste apuntaban a la importancia de edificar en buena compañía y esta —volví a sacudir en el aire la servilleta que acababa de tomar— comienza a mostrar los cimientos sobre los que iniciar la edificación. Uno de ellos, sin duda, es el ejemplo.

—No lo había visto así —reconoció—, pero tal vez tenga razón.

Llamaron a Clara desde otra mesa.

—¿Desea que le traiga algo? —me preguntó antes de alejarse.

—Sí, por favor, un jugo de naranja…

—Con un poco de hielo, ¿verdad? —interrumpió mientras liberaba su terapéutica risa.

En ese momento, un muchacho que estaba sentado a otra mesa señaló a un extremo de la plaza.

—¡Mirad! ¡Es él! —el chico lo gritó y percibí que sus compañeros se alegraron mucho. Dirigí la mirada hacia el lugar donde señalaba, y vi a un hombre extrañamente vestido y abrazado a un estuche, una especie de maletín, que entraba en la plaza.

Clara se había detenido y miraba en la misma dirección mientras se llevaba la mano a la boca en un gesto de sorpresa y perplejidad.

—¡Dios mío! —exclamó entonces una anciana que ocupaba la mesa más próxima a la mía—. ¡Es Selah! ¡El viejo Selah ha venido!

—¿Ese hombre es Selah? —No me resulta fácil entablar conversación con desconocidos, pero la expectación me hizo imposible no preguntar.

—¡Sí! —respondió la mujer con entusiasmo—. ¡Hace años que no lo veía! Selah es un saxofonista extraordinario.

—Así que lo que lleva en ese estuche es un saxofón… —repuse.

—Cuando veraneé aquí hace varios años —continuó la mujer—, durante las dos semanas que duraron mis vacaciones vine aquí todas las noches solo para escucharle interpretar su música. ¡No me puedo creer que de nuevo esté por aquí!

Todos miraban al músico hasta que, en un arrebato espontáneo, una persona se levantó para acercarse al hombre y abrazarlo. Rápidamente las mesas fueron vaciándose, pues todos querían saludar y dar la bienvenida al inesperado visitante.

Tras saludar a todos y cuando las personas comenzaron a retornar a sus lugares, Selah se ubicó en un rincón de la plaza, abrió el estuche y extrajo un dorado y refulgente saxofón.

Al ponerse de frente a nosotros fue cuando reparé en que Selah era de piel negra. Pero más allá del color de su piel, lo que más llamativo me resultó fue su forma de vestir. Lo hacía con gran elegancia, como quien forma parte de la orquesta sinfónica más prestigiosa. El uniforme principal lo componían una chaqueta de color azul oscuro, tipo frac, y un pantalón del mismo color. La chaqueta estaba rematada con botones dorados. También destacaba la camisa, de un blanco inmaculado, y los zapatos negros que brillaban como si acabasen de sacarles lustre. Su cabello, corto y encrespado, blanqueaba, denunciando el paso de muchos inviernos.

Desde su rincón, el viejo músico hizo una leve inclinación a modo de saludo, cerró sus ojos y abrió los pulmones. Las notas surgieron con perfección armónica y el dulce sonido llenó la plaza de un algo sobrenatural. Desde las primeras notas pude apreciar que aquel instrumento era un saxofón tenor; sonaba de manera tan deliciosa que logró de inmediato que el silencio se asentara en la glorieta. Durante un tiempo solo se escuchó la música que destilaba melancolía.

Pasados unos minutos, la abuela se giró y me explicó con voz muy baja, como si temiera interrumpir la interpretación:

—Aquel verano casi todos los que lo escuchaban coincidían en que era el alma del músico lo que brotaba por la boca del saxofón.

—Es imposible no sentir un escalofrío —admití.

—Tal vez le parezca ridículo, pero alguna vez llegué a llorar al escucharlo.

—¿Ridículo? En absoluto —le dije con sinceridad—. Más bien lo veo natural; esa melodía da de lleno en la diana del corazón.

—Y hace cosquillas en el alma —puntualizó ella con una sonrisa.

Mirando alrededor pude comprobar que en toda la plaza reinaba un silencio expectante.

Ni pude ni quise resistir el impulso, y me levanté para darle una moneda, pero cuando me acerqué a Selah no encontré dónde depositarla.

—No quiere dinero —un hombre que ocupaba un banco cerca del músico había reparado en mis intenciones—. El viejo Selah no toca por dinero. Él tiene todo lo que necesita.

Me senté al lado de aquel hombre para interrogarlo:

—¿No quiere nada? —en mi mente práctica y eminentemente comercial no cabía ese concepto: dar todo a cambio de nada—. Ya sé —le dije en voz baja a mi interlocutor—, el saxofonista es un millonario excéntrico…

—En absoluto —me interrumpió—. Selah es un hombre de lo más humilde, pero ha encontrado el placer que hay en regalar.

—¿Placer en regalar? —mi voz, aunque casi en un susurro para no interrumpir al músico, surgió impregnada en socarronería.

—Tengo entendido —repuso el hombre pacientemente—, que alguien sabio dijo hace muchos años que reporta más felicidad dar que recibir…

—Entonces, ¿por qué toca? —interrogué extrañado—. ¿Para que emplea su tiempo en hacer música para los demás si no obtiene nada a cambio?

—Lo hago por amor —sin darme cuenta yo había subido mi tono, llegando mi pregunta a Selah, y fue la voz profunda del viejo músico la que ahora me respondía, y me sobresaltó—. No sé hacer otra cosa, ni tampoco quiero. Mi alma está llena de melodías, y si no las extraigo, creo que moriría.

Selah me sonrió expresivamente y pensé que aquella era la sonrisa más pura que jamás hubiera contemplado.

La noche se adueñó de todo, pero Selah siguió con sus ojos cerrados, vaciando su alma y llenando de paz el entorno.

—Cuando llegó a este pueblo —me explicó la anciana una vez que hube regresado a mi asiento—, casi nadie lo aceptó. Vino sin mujer y sin hijos, solo con su saxofón, y aquello despertó la desconfianza de los vecinos. Un lugar pequeño como este es dado al chisme y a la murmuración. Muchos criticaron a Selah e inventaron historias truculentas sobre su pasado. Imagínate, llegaron a acusarle de ser un asesino que, huyendo de la justicia, había recalado en este pueblo. Selah decidió que no valía la pena entrar en aquella guerra de acusaciones. Decidió no defenderse, guardó silencio y se dedicó a hacer lo que sabía: música. Aunque le costó tiempo y paciencia, su sonrisa, su bondad y su saxofón fueron tres llaves que abrieron el corazón de los habitantes de la aldea.

—Es evidente que ahora es una persona querida —comenté.

—Al final todos reconocieron la única verdad —remachó—: le habían rechazado porque era diferente.

—¿Por su color de piel? —inquirí.

—Así es —asintió con tristeza—. Le rechazaron por el color de su piel, pero terminaron aceptándolo por el valor de su carácter.

Mientras la mujer me hablaba, mantuve la mirada en Selah. La luna arrancaba destellos de su cabello corto y grisáceo. Pensé al verlo y al escuchar la melodía que surgía del saxofón, que aquel hombre tenía plata en su cabeza y oro en su corazón.

7

El líder genuino
no arrastra; influye

Si alguien quiere ser el primero, sea el servidor de todos.

- José Luis Navajo

Finalizada la pieza, colocó el saxofón sobre un soporte y comenzó a hablarnos.

—Integridad es un cimiento imprescindible para edificar cualquier cosa… Ya sea una relación, una empresa o una vida.

Ese fue el preludio de su discurso: una frase directa, disparada a la conciencia. Supe, sin ningún género de dudas, que sin pasar mucho tiempo esa sentencia estaría impresa en las servilletas de la cafetería.

Inmediatamente después narró una historia que resultó definitivamente inspiradora:

—Imagínate que tuviste un día agotador —propuso—. Trabajaste muy duro, algunas cosas no salieron bien y anhelas llegar a casa y descansar. Por fin termina la jornada y corres a tu hogar; cenas algo rápido y, tras darte una relajante ducha, te dejas caer sobre el colchón, lanzas una pierna al norte, otra al sur, te arropas en sábanas limpias e inmediatamente disfrutas del más reparador de los sueños.

Jurarías que solo transcurrieron dos segundos cuando un estrépito te despierta. Al abrir los ojos compruebas, alarmado, que el ruido proviene de la puerta, a la que alguien llama insistentemente. Malhumorado, pero sobre todo preocupado, te asomas a la ventana de tu dormitorio y ves que afuera, golpeando la puerta con los nudillos, está uno de tus amigos.

—¿Qué te ocurre?—le preguntas.

—¡Necesito que me des comida!

—¿Cómo? —no puedes creértelo—. ¿Te has vuelto loco? ¿Tú sabes qué hora es?

—Lo sé. Son las doce y treinta minutos de la noche. Discúlpame, pero es que unos amigos llegaron a casa. Yo no los esperaba; están cansados y hambrientos, y no tengo nada que ofrecerles.

Tu amigo está tan nervioso que habla a gritos. Observas que las luces de la casa de enfrente se encienden y alguien se asoma a la ventana con la furia dibujada en el rostro. Lo mismo ocurre en la casa de al lado, y para colmo tu esposa se ha despertado, lo mismo que tus hijos que llaman a voces:

—¡¿Papá, qué pasa?! ¿Por qué hay tanto ruido?

—Puedo asegurarte que aunque lo último que te apetezca sea ayudarle, con tal de que deje de importunar, vas a darle a tu amigo lo que pide.

Selah había puesto pasión en su discurso, por lo que al terminarlo se apreciaban en él síntomas de cansancio. Alguien le aproximó una silla que el anciano agradeció. Tomó un sorbo del agua que Clara le había llevado, y a renglón seguido preguntó:

—¿Qué pensáis? De quienes intervinieron en la historia, ¿quién mostró mayor entrega y misericordia?

—¡Es una pregunta fácil! —exclamó un joven desde una mesa próxima a la mía—. El pobre hombre al que despertaron y a pesar de ello le dio pan.

—Gracias por tu respuesta, amigo —sonrió, y luego añadió—: Esta sencilla historia contiene principios que son importantes para cualquiera que desee influir positivamente en los demás. No solo para quienes ostentan puestos ejecutivos, sino para cuantos tienen influencia en una o en muchas personas. Es decir, aquí hay principios esenciales para todos.

Con esa introducción, Selah se había ganado toda mi atención, y por lo que pude apreciar, cuantos ocupaban las mesas de la cafetería y de la heladería estaban absortos en lo que el músico decía. También muchos que caminaban por la avenida se detuvieron para escucharlo.

A continuación transmitió poderosas claves con tal destreza y sabiduría, que cada una de ellas se posó en mi conciencia con la dulzura de una pluma, pero con el peso del acero.

—El líder genuino no arrastra, sino que influye y lo hace especialmente con el ejemplo. La primera clave que contiene esta narración es que la auténtica grandeza no se mide por cuánto tienes, sino por cuánto eres capaz de dar. La pregunta no es: ¿de cuántos sirvientes dispongo? Sino: ¿a cuántos soy capaz de servir?

Uno pudiera pensar, como bien dijiste, amigo —señaló al joven que antes había respondido—, que el verdadero protagonista de la historia es aquel buen hombre que a pesar de la hora intempestiva abrió la puerta de su casa para dar pan a quien vino a pedirlo. Pero, creedme, encuentro mayor mérito en aquel que fue a pedirlo. Notad que ese hombre no buscaba pan para sí mismo, sino que salió en busca de alimento para otros. Dejó el confort de su hogar, y se aventuró a la intemperie en plena medianoche para encontrar pan con el que quitar el hambre a quien vino a visitarlo.

Pude apreciar que el muchacho que antes había contestado se mesó la barbilla, pensativo, y luego asintió varias veces con la cabeza.

—Damas y caballeros, ahí está la señal del verdadero líder: no escatimó servir. Lo hizo sin mirar el reloj y sin calcular el costo de su servicio. Visualizad la escena: alguien vino a su casa buscando refugio. Él lo recibió entrada la noche, luego dejó al visitante en la seguridad del hogar, y salió en busca de lo que aquel hombre precisaba. Aquí está la clave que quiero destacar: el auténtico líder no es el que logra que otros le sirvan, sino quien influye en otros con su actitud de entrega y servicio.

Escuchándolo, no pude dejar de pensar en la actitud que yo solía mantener con mis subordinados. No era precisamente la de servirles, sino la de exigirles mayores y mejores resultados. Varias veces se habían quejado de que era intolerante e intransigente, pero siempre entendí que esa era la actitud mediante la que me ganaba su respeto.

Selah continuó desgranando sabios consejos:

—Quien desea afectar decisivamente a los demás debe recordar que liderar es servir —insistía—, y servir implica no solo "dar", sino incluso "darse". La diferencia entre una persona ordinaria y una extraordinaria, está en el "extra" de la entrega. El protagonista de la historia no solo dio cobijo al caminante, sino que él mismo se dio, saliendo de noche y exponiendo su seguridad con tal de encontrar alimento —detuvo su discurso un instante, como meditando en la siguiente parte de la disertación. Enseguida añadió—: Ocurre lo mismo en el ámbito empresarial; la grandeza de una firma se contabiliza en influencia, mucho más que en balances y cuentas de resultados. ¿A cuántos está sirviendo la compañía? ¿A cuántos está llegando? Por descontado que todo eso se traducirá luego en cifras... Pero no ha sido el principal incentivo ganar, sino llegar, servir, influir...

Yo escuchaba profundamente pensativo. ¿Sería cierto que esa actitud de servicio fortalecía la autoridad del líder? Desde luego no encajaba con mis parámetros de conducta.

—No busques que te obedezcan por temor. Es mucho mejor que lo hagan por respeto y aprecio.

Me quedé perplejo. Pareciera que Selah leía mis pensamientos y daba respuesta a mis interrogantes.

—Un líder es un soñador, pero la diferencia entre el que vive de ensoñaciones y el líder-soñador es la misma que entre una visión ordinaria y una extraordinaria: la primera busca edificar mi casa, la segunda busca edificar un reino. La primera afecta a mi historia, la segunda afecta a la historia.

Selah hizo un silencio en su discurso. Bebió un largo sorbo de agua y recorrió la plaza con la mirada. Creo que intentaba ver en nuestro gesto si lo que decía era entendido por nosotros o no.

—¿Qué motivación nos mueve para alcanzar metas y sueños? —interrogó—. ¿Por qué la motivación determina el alcance de nuestros logros? ¿Qué perseguía este hombre al dedicarse a llamar a la puerta a horas intempestivas? La respuesta es pan. ¿Para qué o para quién? En este caso la respuesta es: para un amigo. No inició el viaje a medianoche con un fin egoísta, sino altruista. No lo movió una ambición personal, sino que los resultados de su esfuerzo afectarían a otros.

Yo estaba atento a la enseñanza, bebiendo cada palabra como quien tiene una sed vital, pero pude apreciar que el resto estaba con el mismo ánimo receptivo que yo.

—Dejadme que os resuma algunos principios esenciales para ser influyente:

Sabía a qué lugar llamar. Tenía la certeza de que tras aquella puerta había pan. Eso indica que tomó el tiempo necesario para analizar, reflexionar y planificar. Antes de iniciar el recorrido a la consecución de su objetivo, se tomó tiempo para reflexionar. No emprendió el viaje sin saber la dirección. No tocó a una puerta, sino que llamó a la puerta.

Emprendió el viaje cuando estaba seguro del destino. Estaba tan convencido de que ese era el lugar, que llamó hasta que la puerta se abrió. La certeza que lo envolvía le confirió la firmeza necesaria para no desmayar… para no abandonar. Estaba tan seguro de que ese era su destino, que no le intimidó la medianoche —la voz de Selah estaba impregnada de una seguridad irrebatible—. Esta es una clave esencial para la consecución de nuestras metas: no precipitarse, sino esperar a tener la seguridad. A menudo ocurre que caminar con mesura y prudencia es la forma más segura de llegar pronto.

Se detuvo para darnos tiempo a asimilar las sentencias, pero enseguida continuó:

La reflexión precedió a la acción. Acción sin reflexión da a luz fracaso. Quien falla en planear está planeando fallar. Amigos, no se trata de estar activo, sino de ser efectivo, y eso se logra pensando antes que caminando. Un golpe dado a tiempo es mejor que cien dados con ansiedad prematura —y tras renovar el aire en sus pulmones, concluyó—. Es esencial la intimidad previa a la actividad para enfocarnos en la dirección correcta.

Creo que todos pensamos que la enseñanza había concluido, y nos equivocamos, pues la clase magistral no había hecho sino comenzar. Selah tomó una silla cercana para sentarse en ella y continuar:

Alcanzó la meta a medianoche. Esa es la diferencia entre un deseo y una pasión. El sueño que hace historia te hace levantar a medianoche. Hay muchas personas que tienen sueño, por eso viven dormidas, pero hay unas pocas que tienen un sueño que no les deja dormir. Es la característica de quienes están determinados a alcanzar una meta: corren mientras otros duermen y estudian mientras otros juegan. No supeditan su esfuerzo a la luz solar. Ya sea con sol o con luna... y sin sol y sin luna, su corazón late por una causa y ese latido acciona sus piernas para seguir persiguiendo.

Asentía con la cabeza para conferir más convicción a sus palabras. De nuevo tomó un sorbo de agua y continuó:

Había cultivado buenas relaciones en el pasado y eso le ayudó a conseguir su meta. Ese hombre fue a casa de un amigo a pedir pan para otro amigo. Tuvo el acierto de tener quien lo alimentara, pero también la sensibilidad de buscar a quien alimentar. Personas a las que sabía que podía acudir en busca de ayuda, y personas a las que debía brindar su ayuda. Había cultivado relaciones, y eso es algo vital. Cuando estás solo, estás en mala compañía. Quien pierde dinero pierde mucho, pero quien pierde un amigo pierde más. Un hombre edifica una casa, un equipo construye un reino. Si viajas solo llegarás antes, pero si viajas acompañado llegarás más lejos.

Guardó un oportuno silencio con la clara intención de que reflexionásemos en lo que acabábamos de escuchar, y enseguida liberó una batería de preguntas:

—¿Persigues un sueño que va a trascender? ¿Dejarás huellas que otros puedan seguir? ¿Cortas leña para encender tu hogar o recoges maderos para calentar el mundo? Cuando tú pases, ¿quiénes lo notarán? ¿Te echarán de menos porque fuiste una bendición para ellos, o nadie notará tu ausencia porque te enriqueciste en solitario?

Concluida su disertación, recorrió la plaza con su mirada y nos acarició con su sonrisa. Luego volvió a tomar su saxofón y retornó a henchir la atmósfera de mágicas melodías.

Era una noche sin luna ni estrellas; la oscuridad envolvía la plaza. Poco a poco los bancos fueron quedando vacíos. Yo también inicié el camino hacia el hotel, pero a punto de girar la esquina que ocultaría de mi vista la plaza, volví mi rostro hacia Selah. Allí seguía. Su traje era oscuro, como también su rostro y sus manos. Eso casi impedía que se le viera, pero era imposible no escucharlo.

Su corazón rebosaba música. ¿Cómo iba a guardar silencio?

En un impulso irrefrenable, regresé corriendo y me paré frente al músico.

—Selah, ¿es usted feliz? —le pregunté.

Interrumpió su interpretación, y sus dientes me parecieron blanquísimos cuando sonrió.

—Lo soy… Soy muy feliz.

—Pero, su música suena melancólica. He visto que algunos lloran al escucharla.

—No solo se llora de tristeza; también es posible llorar de alegría irrefrenable —y me sorprendí al ver dos láminas de agua meciéndose en los ojos de Selah, mientras me decía—: ¿Sabes que la naturaleza suena en tonos menores? No son los registros más alegres, pero son las notas que Dios ha colocado en la creación, y ni los profesionales de más renombre han conseguido igualar su belleza.

Me giré para marcharme, pero el viejo músico me llamó.

—Escucha, hijo —me impresionó mucho que me llamara así. En su rostro se conjugaban autoridad y ternura en dosis gigantescas—. Recuerda siempre que Integridad es un cimiento imprescindible para edificar cualquier cosa… Ya sea una relación, una empresa o una vida.

Tras regalarme una sonrisa que me recordó al sol alzándose en un limpio amanecer, aplicó con su mano una leve presión sobre mi hombro y concluyó:

—Conviene recordar, también, que por alcanzar lo que más quiero puedo ignorar a quien más quiero —afirmó con la cabeza al ratificarlo—; es posible, pero no es conveniente. Si por perseguir mi sueño pierdo en el camino a quien ama soñar junto a mí, entonces hice el peor negocio de mi vida.

Selah me miró reflexivamente, con simpatía que sentí sincera. Sonrió de nuevo; lo hizo justo antes de colocar sus labios en la embocadura del saxofón. Entonces cerró sus ojos y rasgó el manto de la noche con el filo de su música.

Sentado en el balcón de mi habitación, disfrutando de la templada noche, ingería y digería la sabiduría que Selah nos había transmitido.

Mi bolígrafo iba dejando un reguero rojo sobre el papel: frases que destilaban principios esenciales. Como los que siguió el protagonista de la peculiar historia que hoy nos había compartido.

El Cuaderno Rojo de Luis

Segundo Día

+ Integridad es un cimiento imprescindible para edificar cualquier cosa… Ya sea una relación, una empresa o una vida.

* *Por alcanzar lo que más quiero puedo ignorar a quien más quiero; es posible, pero no es conveniente. Si por perseguir mi sueño pierdo en el camino a quien ama soñar junto a mí, entonces hice el peor negocio de mi vida.*

Aquel hombre que fue en busca de pan...

S abía a qué lugar llamar.

E mprendió el viaje cuando estaba seguro del destino.

L a reflexión precedió a la acción.

A lcanzó la meta a medianoche.

H abía cultivado buenas relaciones en el pasado.

O eres íntegro o no eres en absoluto

La integridad es hacer lo correcto aunque nadie nos esté mirando.

— AUTOR DESCONOCIDO

Era mi tercera noche en la "UCI del alma" (así había dado en llamar a la reposada aldea en la que pasaba esos días), y ante la expectativa de reencontrarme con Selah decidí volver a la Plaza de las Acacias. Corrí hacia allí, preso de una ilusión que me parecía cosa de vida o muerte. Cuando accedí a la glorieta, respiré aliviado al descubrir mi mesa (la más oculta y reservada) desocupada. Corrí a ocuparla.

El concierto de Selah ya había comenzado, y yo, a salvo de las miradas, agucé el oído y me esforcé en escuchar por encima del bombeo de mi corazón, que, no entendía por qué, latía con más fuerza ante las notas que brotaban del saxo. En los siguientes compases entendí la razón: ¡Selah estaba interpretando la pieza *Pequeñas Czardas*! ¡Era la composición musical con la que María y yo nos habíamos enamorado! El español Pedro Iturralde, nacido en Navarra en 1929, la compuso cuando tenía veinte años y era la música que sonaba en la cafetería aquella tarde de verano, cuando vi a María; estaba sola, sentada a una mesa. En un irrefrenable impulso me senté a su lado y le pedí compartir refresco y conversación. Desde aquella tarde adoptamos *Pequeñas Czardas* como fondo musical y banda sonora de nuestra relación, que concluyó en nuestro matrimonio... Y, por desgracia, diez años después en nuestro divorcio.

Ahora las notas del saxo seguían brotando mientras mi mente, ingobernable, me llevaba a pasear de la mano de María por una verde pradera.

Así estuve por espacio de dos o tres minutos, hasta que una gruesa lágrima solitaria se deslizó muy despacio desde mi ojo derecho, recorrió la piel bordeando mi nariz, rozó mis labios y cayó sobre el líquido de mi vaso. Esa lágrima, apenas un temblor sobre la superficie de mi refresco, fue, sin embargo, el terremoto que me puso en marcha. Parpadeé como si regresara de un sueño. Nuestra melodía seguía sonando, pero no paseaba con María, sino que estaba solo, sentado frente a un vaso con jugo de naranja. Miré a un lado y a otro y, de un trago, me bebí el jugo y la lágrima.

—O eres íntegro o no eres en absoluto —la voz de Selah me arrancó del ensimismamiento. El músico había terminado la sinfonía y se disponía a comenzar su disertación—. O eres íntegro —repitió— o no eres en absoluto.

—Pero, ¡es imposible ser perfecto! —replicó un hombre que iba a dar un sorbo a su café y al escuchar la frase del músico se detuvo con la taza suspendida en el aire, y con angustia que me pareció sincera interrogó—: ¿Quién puede ser perfecto?

—¿Quién te ha pedido que lo seas? —Selah, con admirable calma, respondió a la pregunta con otra, matizada con una sonrisa; luego aclaró—: Estoy hablando de integridad y no de perfección. Ser íntegro no es ser perfecto. Ser íntegro es no tener doblez.

Quien había interrogado dio un sorbo a su café mientras asentía, luego dejó la taza sobre el platillo y siguió escuchando con atención.

—Lo contrario de integridad no es imperfección, sino duplicidad —Selah continuaba arrojando luz en su discurso—. Íntegro significa ser de una sola masa, sin mezcla, sin adulteración. De eso se trata; dentro de la integridad cabe el error y también enmendarlo. Lo que no cabe es la hipocresía —sonrió con amabilidad antes de remachar—; eso es lo que intento decirte.

Quien lo había interpelado asintió levantando el dedo pulgar de su mano derecha como muestra de satisfacción. Entonces Selah recorrió la plaza con la mirada y nos dijo:

—Imaginaos el siguiente escenario: Al frente de tu casa dispones de un pequeño patio y decides plantar allí un manzano del que cada año puedas tomar jugosa fruta.

Acudes al vivero de la ciudad y pides el mejor ejemplar que tengan. Enseguida corres a casa, lo plantas con ilusión, lo cuidas con esmero y luego aguardas con paciencia.

Llegado el tiempo, las ramas del árbol se cubren de verdor. Adquiere una apariencia fresca, y el manzano revienta de vida. Hojas y más hojas proporcionan una sombra abundante bajo la cual colocas una mesa y cuatro sillas. Pero cada día miras la frondosa copa del árbol, y se te hace la boca agua anticipando la dulzura y carnosidad de las manzanas que esperas recoger. El tiempo pasa, sin embargo, y por más que revisas las ramas, ni siquiera encuentras un atisbo que parezca la promesa de fruto.

Llega el verano, tiempo cuando las ramas del árbol deberían estar cargadas de fruta, pero no ves ni una manzana. A estas alturas ya estás convencido de que lo que adquiriste no fue un manzano, sino un fraude. Podrías colgar un columpio de sus ramas y usar el tronco como soporte de hamaca, pero no puedes comer una manzana, porque no existe. Sería el equivalente a comprar un reloj que disponga de cronómetro, linterna, radio y televisión, pero que nunca proporcione la hora adecuada. Ese árbol tiene apariencia, pero no esencia. Imagen sin contenido. Aspecto sin alimento. No es un manzano; es un fraude.

Si hubieras querido sombra habrías plantado un olmo, o un fresno, o una morera o una jacarandá… Pero querías fruta, por eso plantaste un manzano. No buscabas tamaño, sino fruto. No perseguías una extraordinaria apariencia, sino nutritiva esencia.

Así es con las personas —dijo con determinación—. Tu identidad no te la otorga lo que los demás pueden ver en la distancia, sino lo que saborean al acercarse a ti. No será el lujoso traje en que vayas embutido, ni tu tarjeta de visita acreditando tu posición en la empresa… Será el sabor que dejes en su vida a través de los frutos que impartas.

Integridad no es parecer, sino ser. Si dices ser una higuera, no estás autorizado a dar espinos, debes dar higos —reflexionó un instante, mesándose la barbilla, al cabo del cual dijo—: Volviendo a nuestro manzano, pienso que solo habría una cosa peor que el que no diera manzanas, y sería que un día ofrezca manzanas y al otro espinos. ¿Os imagináis? Para volverse locos —rió, pero enseguida retornó al gesto grave—. Lo que no cabe en un árbol tampoco debería tener cabida en una persona. Seamos personas de una sola cara. ¿Acaso se recogen uvas de los espinos o higos de los cardos? —No aguardó respuesta alguna, sino que sentenció—. O eres íntegro o no eres en absoluto. Cuando estás en posiciones de influencia, aún sin saberlo caminas sobre un campo de nieve recién caída. *El denominador común del liderazgo es la integridad*, dijo el pastor evangélico Rick Warren. El líder vive en una casa de cristal. No seas un fraude para aquellos en quienes influyes. Comenzando por los de tu casa.

Las siguientes palabras las enfatizó Selah de una manera llamativa, casi marcando cada sílaba de su discurso:

—La integridad hará que tus colaboradores y subordinados te respeten aún más. No solo es una poderosa credencial para el liderazgo; también es un generador de respeto. Conferirá peso a tu palabra y credibilidad a tu vida. Integridad será la rúbrica en tus mejores ventas y te alzará con los más notables contratos. No es lo que dices ser, es lo que eres. Integridad es ser persona de una palabra. Tal vez firmes un documento con tus clientes, pero aunque no lo hicieras, ellos sabrán que tu palabra tiene peso suficiente para llevar el acuerdo a buen fin. Integridad es hacer lo que debes hacer aunque nadie esté mirando. Es aceptar la verdad como tu bandera… Integridad no es ser perfecto, sino sin doblez —volvió a recalcar Selah, y remachó—: Lo contrario de integridad no es imperfección, sino duplicidad. Tener dos caras… Dos sombreros… Dos actitudes de signo contrario… *Nadie puede hacer el bien en un espacio de su vida, mientras hace daño en otro. La vida es un todo indivisible.* Así lo afirmó Mahatma Gandhi.

Más importante que la apariencia es la esencia. Más importante que lo decorativo es lo transformativo.

Se mesó Selah la barbilla y luego rascó ligeramente su cabeza, como meditando. Enseguida concluyó:

—Hoy reflexionaba en que la persona sabia influye e instruye sin utilizar palabras, porque hablamos lo que sabemos, pero impartimos lo que somos.

Ahora sí, cesó el discurso y enseguida retornó la música. Fue entonces cuando reparé en que hoy no había revisado las servilletas. Tomé una del dispensador y la leí: *La felicidad consiste en poner de acuerdo tus pensamientos, tus palabras y tus hechos.* En esta ocasión la frase se atribuía a Gandhi y parecía pensada para ser el broche al discurso de Selah.

La noche se había desplomado sobre la aldea. Era hora de regresar.

Estaba ya lejos de la plaza, pero las notas musicales aún me envolvían. Sin poder ni querer evitarlo, percibí que la imagen de mi esposa se mecía en la superficie de mi conciencia. Me di cuenta de que con ella había firmado el mayor y mejor contrato de mi vida, pero en varias cosas defraudé el pacto, falté a mi palabra y rompí el trato.

Hay cosas que son buenas, había dicho Selah, *luego están las importantes, y por fin las que de verdad importan...*

Me detuve un instante para contemplar el mar. Las lámparas del paseo marítimo se reflejaban en el agua y parecían danzar sobre la oscilante superficie. Otra sentencia de Selah se reprodujo en mi mente con asombrosa literalidad:

Conviene recordar, me dijo, *que por alcanzar lo que más quiero puedo ignorar a quien más quiero* (afirmó con la cabeza al ratificarlo); *es posible, pero no es conveniente. Si por perseguir mi sueño pierdo en el camino a quien ama soñar junto a mí, entonces hice el peor negocio de mi vida.*

En ese punto, Selah advirtió que integridad también es no abandonar a nuestros amigos por la consecución de nuestras metas. No robar el crédito a los que nos ayudaron a perseguir el sueño. No sacrificar la amistad en aras del triunfo. *Alcanzar la meta a solas,* dijo, *es hacerlo en mala compañía.*

Meditaba en todo eso de regreso al hotel, y en un impulso no meditado extraje el teléfono de mi bolsillo, busqué el contacto de María y redacté un mensaje en la aplicación *WhatsApp*. Nunca antes había escrito una misiva tan breve, ni tampoco había puesto tanto corazón en una nota.

"Te amo". Eso fue todo.

Nada más… y nada menos.

Lo envié y reanudé mi camino.

Ya en el hotel subí a mi dormitorio; no me apetecía cenar en el restaurante. Mi estado de ánimo me empujaba a la soledad, así que solicité desde la habitación que me subieran una ensalada y salí al balcón a degustarla. Mis ojos iban de hito en hito a la pantalla del teléfono. Habrían pasado unos quince minutos cuando un resplandor me atrajo. Al alzar la vista descubrí la lámpara del faro brillando con un fulgor destellante. Era una noche sin luna, por lo que aquella luz parecía un sol en medio de las ostensibles tinieblas.

Me incorporé, y apoyado en la baranda metálica del balcón mantuve la mirada fija en el destello hasta que el faro completó su recorrido y, tal y como sospechaba que ocurriría, se apagó después.

¿Qué significaba aquello?

Los relatos de Tomás regresaron a mi mente. Por más que no quería tomar en serio esas leyendas, no pude evitar que un desasosiego cosquilleasse en mi interior.

¿Muerte o vida? ¿Bendición o tragedia?

Moviendo la cabeza a derecha e izquierda, más por perplejidad que por incredulidad, retorné a mi asiento. Acababa de llevarme unas hojas de lechuga a la boca cuando una nota atrajo mi atención desde la pantalla del teléfono. Un mensaje había llegado mientras contemplaba la luz del faro; era más breve aún que mi nota… Ni una sola palabra; únicamente un emoticono. Se trataba de un rostro que guiñaba un ojo y sonreía… un corazón rojo brotaba de su boca, emulando un beso. En la parte superior de la pantalla reverberaba el nombre de María.

Nunca, ni antes ni después de ese momento, un mensaje tan breve logró inyectar tanto oxígeno a mi alma.

En mi balcón de nuevo la luz del faro relumbró, y sobre mi rostro lo hizo una magnífica sonrisa impregnada, por fin, en paz.

No tenía sueño, así que me senté en el balcón, con la fugaz esperanza de volver a ver la luz del faro. Saqué mi cuaderno rojo y reflexioné sobre lo escuchado esa noche. Pronto mi bolígrafo de tinta roja se convirtió en cauce por el que mi pensamiento se volcó sobre el papel cuadriculado:

El Cuaderno Rojo de Luis

Tercer Día

O eres íntegro o no eres en absoluto.

+ *Integridad será una de las credenciales más poderosas de tu persona. Conferirá peso a tu palabra y credibilidad a tu vida.*

+ *Integridad no es ser perfecto, sino sin doblez. Lo contrario de integridad no es imperfección, sino duplicidad. Tener dos caras... Dos sombreros... Dos actitudes de signo contrario...*

+ *Más importante que la apariencia es la esencia. Más importante que lo decorativo es lo transformativo.*

+ *La persona sabia influye e instruye sin utilizar palabras, porque hablamos lo que sabemos, pero impartimos lo que somos.*

Aquel hombre plantó un manzano en su jardín por una sola razón: quería fruta...

S er es más importante que parecer.

E l verdadero liderazgo no busca asombrar, sino transformar.

L a identidad la otorga lo que los demás saborean de mí, y no lo que ven en mí.

A lcanzar la meta a solas es hacerlo en mala compañía. No abandones a tus amigos en la consecución de tus sueños.

H acer y decir deben ir de la mano; sin coherencia no hay integridad.

9

Buscar la luz

La sombra no existe; lo que tú llamas sombra es la luz que no ves.

- Henri Barbusse

Pasé la mañana en una excursión que había contratado en el hotel. Una de esas jornadas de aventuras que siempre había deseado disfrutar. ¡Resultó apasionante! En unas horas cumplí varios de mis sueños: manejé una moto acuática *"Black Edition 360"*, la más veloz del mundo, que puede alcanzar el umbral de 130 km/h (80 mph) en tan solo 3 segundos. Un carísimo juguete del que solo se fabricaron cien unidades, destinadas a los dueños de mega yates. Luego disfruté de un inolvidable paseo en un paracaídas tirado por un fueraborda, buceé rodeado por los peces más exóticos, y al atardecer hice *Flyboard*, esa nueva modalidad de volar impulsado por unas botas que sueltan chorros de agua a presión y te lanzan hacia el cielo.

Cuando caía la tarde llegué al hotel completamente exhausto, y me recosté sobre la cama con la intención de dormir un poco antes de la cena, pero la adrenalina generada en aquella cadena de aventuras me impidió conciliar el sueño. Rememoré de pronto la luz del faro que había vuelto a ver la noche anterior y salté de la cama, decidido a visitarlo.

Cuando salí a la calle casi anochecía.

—Una miradita rápida a la vieja torre del mar y luego tomo rumbo a mi mesa de la cafetería Las Acacias —me dije—. Hoy pediré allí mismo algo de cenar.

¿Me habría acercado esa noche al faro si hubiera sabido que allí iba a cambiar el resto de mi vida?

Cuando me aproximaba, la fortaleza marina me pareció más majestuosa que en ocasiones anteriores. Ya frente a ella me acerqué a la puerta, aunque con toda seguridad estaría cerrada. Empujé, no obstante, y ante mi sorpresa, la hoja de madera vieja, hinchada por la humedad, desgastada y con reminiscencias de su original color azul, cedió unos milímetros. Tuve que empujar con mucha fuerza para que se abriera lo suficiente como para poder deslizarme al interior. Me asomé con sigilo; al frente había unas escaleras estrechas y curvas que comencé a subir mientras mi corazón bombeaba sangre a velocidad exagerada.

Primer piso, oscuridad. Apenas un tímido reflejo de las lámparas del exterior que entraba por el estrecho ventanuco. Segundo piso, oscuridad, excepto el mismo tímido fulgor por una idéntica ventana. Tercer piso, oscuridad y silencio, y una puerta cerrada ante la que tragué saliva. Algo me decía que detrás de esa hoja de madera estaba el misterio que venía buscando: la razón de que aquel faro prendiese su linterna de una forma que a mí se me antojaba arbitraria.

Empujé la puerta, pero esta no se movió, por lo que busqué mi teléfono en el bolsillo para usarlo como linterna, aún a sabiendas de que, de haber alguien allí adentro, la luz me delataría. Ayudado por la linterna del teléfono vi el picaporte circular y lo giré lentamente. Ahora sí cedió. Fue un instante tenso, pero pasé al interior, que estaba invadido también de la oscuridad de la noche.

Apagué la linterna y me adentré a tientas en la habitación sin cerrar la puerta. Preferí reservarme esa vía de escape, por si me encontraba con alguna sorpresa inesperada. En la oscuridad se perfilaban unos pocos muebles: una mesa, tres sillas, un catre… A veces llegaba desde la calle un poco de luminosidad, como si la luz de la luna o los ocasionales faros de los escasos coches subieran hasta mí para confortarme. Ese mínimo fulgor me permitió apreciar, no obstante, que la estancia estaba limpia y ordenada, mucho más de lo que se espera de un lugar que, supuestamente, lleva años abandonado.

Fue un poco después que vi otra luz, consistente y real. Pude verla a través de la puerta abierta. Alguien subía las escaleras que yo acababa de ascender; lo hacía con una lámpara o una linterna. Tragué saliva, lo que devolvió sensibilidad a mi anestesiado sentido del oído. Así pude escuchar los pasos que ascendían, cada vez más cercanos.

La luz, como una marea mágica, fue inundando las paredes. Luego se proyectó sobre ellas la sombra de una persona que subía encorvada y cautelosa. La vi inspirar, dándose valor. Al mover el brazo introdujo su sombra en la pantalla de luz. Vi que sostenía una barra, juraría que de hierro, que agarró con más firmeza.

Siguió avanzando. La sombra se alargó hasta deformarse y perder toda apariencia humana, hasta convertirse en un grotesco baile de movimientos inverosímiles provocados por la luz que traía consigo. El vértigo se concretó de pronto en una sombra real, humana, masculina, que se plantó ante mí y comenzó a subir los últimos escalones, frente a la puerta. Yo podía ver su silueta, pero no su cara, pero él no podía verme aún, pues yo estaba envuelto en la oscuridad de la habitación. Era mi única inútil ventaja frente al hombre que venía hacia mí.

Dio dos pasos más:

—¿Quién hay ahí? —era un susurro, pero sonó con firmeza—. Quien quiera que seas, sal con los brazos en alto.

Entró en la habitación blandiendo la barra que, ahora no me cupo ninguna duda, era de hierro. Avancé hacia él. Elevó la linterna para iluminar la estancia y pude verlo una décima de segundo.

Entonces sí, me golpearon todas las emociones que se sumaron al agotamiento del intenso día, mientras sentía que un fulminante ataque de ansiedad me doblegaba. Me faltó el aire, la sangre huyó de mi cabeza y caí redondo al suelo.

10

Mejorar es cambiar; ser perfecto es cambiar a menudo

El cambio es la ley de la vida. Y aquellos que miran solo al pasado o al presente se perderán, seguro, el futuro.

- John F. Kennedy

Cuando abrí los ojos me encontraba tumbado en algún lugar.

Al reparar en la sencilla mesa y las pocas sillas que poco antes había observado en la habitación del faro, comprendí que estaba recostado en el camastro que completaba el escaso mobiliario de la estancia. Frente a mí estaba Selah… Era el hombre al que había visto subir las escaleras… Permanecía en pie y me sonreía.

—¿Te encuentras mejor? —me preguntó.

—Creo que sí —repuse.

—Me diste un buen susto cuando te desmayaste.

—Solo fue un desvanecimiento —expliqué—. Ni es el primero, ni temo que sea el último. Desde hace tiempo mi cuerpo me juega, de tanto en tanto, estas malas pasadas.

—Temí que te hubiera dado un infarto —sacudió la mano en el aire—, y del sobresalto casi es mi corazón el que se para.

—Lo lamento. Pero, dígame Selah, ¿cómo es que no está en la Plaza De Las Acacias? —miré mi reloj de pulsera—. Es la hora a la que habitual-mente interviene…

—Tenía toda la intención de ir —me dijo—, pero esta tarde comencé a sentirme indispuesto —acercó una silla a la cama, tomó asiento y suspiró—. Definitivamente los años no han pasado en balde...

—¿Por qué vino al faro? —interrogué, consciente de que él podría hacerme la misma pregunta. Y acerté.

—Tengo permiso para estar aquí —sonrió—. De hecho, esta parte del faro, que hace años fue la casa del torrero, es mi hogar durante mi estancia en este pueblo. Conozco, creo que desde hace siglos —rió de su propia exageración—, al alcalde de esta bella aldea, quien tuvo la gentileza de brindarme este refugio. Dime, ¿por qué viniste tú? —palmeó mi antebrazo con cariño para restar severidad a su reproche y a continuación me explicó—: hoy no cerré con llave porque solo salí un momento a encargar una medicina a la farmacia. Al llegar y ver la puerta abierta pensé que algún ladrón había entrado a robar mis escasas pertenencias... No es mucho lo que podría llevarse, pero me entró pánico por mi viejo saxofón —señaló a un rincón de la estancia, donde reposaba el estuche con el instrumento musical.

—Pues no era pánico lo que usted aparentaba mientras sostenía aquella barra de hierro —bromeé.

—Pobre de mí —volvió a reír—. Jamás me hubiera atrevido a usarla; ni siquiera sé por qué me armé con ella. Pero te aseguro que casi me desvanezco al verte caer redondo al suelo. Dime, ¿qué te hizo entrar aquí?

—Lo siento —insistí—. Siempre he sentido fascinación por los faros y nunca tuve la oportunidad de visitar uno, así que cuando descubrí la puerta abierta no resistí el impulso de entrar.

Selah volvió a palmear mi brazo con cariño.

—No te preocupes —me dijo—, por fortuna ni eres un ladrón ni sufriste un infarto, así que todo está bien. ¿Te apetece tomar un té?

—Sí, por favor.

Se levantó y acudió a una pequeña cocinilla que estaba oculta al fondo de la habitación.

—Cuéntame, ¿qué te trajo a este pueblo? —preguntó mientras ponía agua a calentar—. ¿Has veraneado antes aquí?

—Es la primera vez que vengo a esta aldea —le dije levantándome de la cama—, y para serle sincero no ha sido elección mía… Lo cierto es que no estoy en el mejor momento de mi vida.

Aún ignoro la razón por la que comencé a sincerarme con Selah de forma tan rápida y espontánea. Había algo en aquel hombre que hacía inevitable convertirlo en confesor y terapeuta.

Dejó la cazuelita con agua hirviendo sobre la mesa y se sentó, dispuesto a seguir escuchándome. Yo tomé asiento a su lado, y sin apenas darme cuenta, inicié el relato de mi historia. Se lo conté todo: mi subida vertiginosa a la gloria empresarial y la debacle sufrida. La profunda depresión que me había embargado y el incierto futuro que tenía por delante. Mientras me escuchaba, el anciano depositó en sendas tazas unos sobrecitos de té y vertió sobre ellos el agua caliente. Luego tapó con unos platillos las dos tazas para que se hiciera bien la infusión. Pero aún durante ese proceso pude percibir su atención. Me cautivó la manera en que Selah atendía a mi relato, era escucha activa en estado puro, como si no hubiera nada en el mundo que le interesase más que lo que yo tenía que contarle.

—En definitiva —concluí—, en NLC el consejo ejecutivo está a punto de convertirse en consejo ejecutor y yo soy la víctima elegida.

Dicho esto guardé un silencio que Selah secundó durante unos segundos, como reflexionando en mis palabras y madurando una respuesta. Finalmente repuso:

—No podemos elegir lo que nos tocará enfrentar, pero sí podemos decidir con qué actitud vamos a enfrentarlo.

Me miró, y pude apreciar que en su rostro se conjugaban autoridad y ternura en dosis gigantescas. Enseguida aclaró:

—No es mía la frase, sino que se atribuye a Viktor Frankl, un médico psiquiatra de origen judío que pasó varios años de su vida en Auschvitz o Dachau.

—¿Los campos de concentración?

—Campos de exterminio —matizó—. No pongamos atenuantes a esos infiernos. Sí, pasó demasiados años en los peores campos de exterminio nazis, y tras sobrevivir milagrosamente a la experiencia, declaró: *Tenía frente a mí a los oficiales de la Gestapo, me lo habían quitado todo, hasta el anillo de casado, yo estaba desnudo mientras me declaraban libre, pero antes me dijeron que no me molestase en buscar a mi esposa, porque había muerto gaseada en ese mismo campo de exterminio, igualmente mis hijos... Toda mi familia había sido ejecutada.*

Escuchando aquel relato sentí una mezcla de horribles sensaciones a la vez que una náusea seca se aferraba a las paredes de mi estómago.

—A partir de ese momento, Viktor Frankl tuvo la opción de odiar y bien que la aprovechó —continuó Selah—, pero enseguida percibió que el odio era también una prisión. No estaba ya tras las vallas de Auschvitz, pero se sentía tan preso como antes. Entonces eligió perdonar y fue entonces cuando declaró esa contundente verdad: *No podemos elegir lo que nos tocará enfrentar, pero sí podemos decidir con qué actitud vamos a enfrentarlo...*

—Lo que él vivió sí fue trágico —reconocí—. Lo mío es una anécdota comparado con su desgracia.

—Sin embargo, entre tu situación y la suya hay un rasgo coincidente: ambos vivís algo que os obliga a reinventaros, ¿comprendes?; os toca aclimataros a una vida diferente. Él tuvo que aprender lo más difícil que existe: vivir sin su esposa y sin sus hijos. Y tú tal vez debas superar la pérdida de un puesto de trabajo que te reporta jugosas ganancias y considerables dosis de prestigio. Por supuesto que tu pérdida es infinitamente menor, pero, al igual que a él, también a ti te obliga a adaptarte a una nueva forma de vida.

—Visto así, tiene razón —admití.

—En la vida llegan circunstancias donde la única salida es reinventarnos. Hay situaciones que no está en nuestra mano cambiar; simplemente llegan y escapan de nuestro control. En momentos así —e insistió—, cuando no podemos cambiar las circunstancias, sí podemos cambiar nosotros para adaptarnos al nuevo escenario en el que la vida nos sitúa.

—Tal y como usted lo explica parece sencillo —repuse—, pero no me negará que en la práctica no resulta nada fácil.

—Estoy de acuerdo contigo —afirmó—. Hace tiempo descubrí que la sala de operaciones donde se rediseña nuestra vida es la mente. Cambiar nuestra forma de pensar es esencial para así variar nuestra manera de vivir.

—Eso que acaba de decir es importante...

—Lo es —afirmó—. Es muy importante. La actitud está formada por dos cosas: pensamientos y emociones. Pero los pensamientos son los que fecundan las emociones. Los pensamientos son lenguaje, son el lenguaje con el que yo me hablo. Al pensar me estoy hablando, y eso que me digo genera las emociones que luego siento —sacudió ambas manos en el aire para decir—: Temo que suena demasiado abstracto...

—¡No! —le interrumpí—. Suena meridianamente claro —y lo expliqué—: Al pensar me estoy hablando, y la calidad de eso que me digo va a condicionar la calidad de mis emociones, y la calidad de mis emociones determinará la calidad de mi vida.

—¡Bravo! —incluso chocó sus dos manos en un efusivo aplauso—. ¡Eso es lo que intento decirte!

Extrajo luego de su mochila una camisa cuya tela estaba desgarrada en ambas mangas.

—Es mi camisa favorita —me explicó—. Tanto me la puse que se desgastó a la altura de los codos, pero me resistí a deshacerme de ella, así que decidí arreglarla haciendo un injerto con tela nueva. Ocurrió que en el primer lavado la tela nueva encogió y tiró de la vieja desgarrándola.

—Una lástima —repuse en tono lacónico, pues ahora sí que no lograba entender adónde quería llegar Selah.

—Lo que intento decirte —comentó al detectar mi desconcierto— es que es inútil pretender asimilar los grandes cambios sin modificar la estructura central de nuestra vida, que es el pensamiento. Integrar un estilo de vida nuevo en una mente vieja no funciona. Un injerto de tela nueva en el cuerpo viejo lo rompe… Hay que cambiar la esencia para asimilar la nueva presencia. ¿Me sigues?

—Lo intento —aseguré con sinceridad—, pero no estoy seguro de entenderle…

—Mira esto —ahora extrajo de su mochila una pequeña caja de metacrilato dentro de la cual había un pedazo de vidrio de color verdoso.

—¿Un trozo de cristal? —estaba empezando a temer que los años no solo hubieran afectado la fortaleza física de Selah. Por un momento sospeché que su integridad mental también se hubiese visto comprometida. ¿Se habría convertido Selah en uno de esos ancianos que acumulan basura? Intenté recordar el nombre de esa patología… ¿Síndrome de Diógenes?

—Este pedazo de vidrio tiene una historia interesante —comenzó a relatar—. Años atrás alguien me regaló una garrafa con diez litros de vino que él mismo había elaborado. Lo puse en botellas de cristal y las tapé. Al tratarse de vino joven, inició el proceso de fermentación en el transcurso del cual se liberan gases. Al estar sellados los envases, las emanaciones se acumularon en el interior hasta que varias botellas estallaron y los pedazos de vidrio saltaron por los aires. Este —señaló al cristal que se encontraba dentro de la pequeña urna—, voló tan cerca de mi garganta que estuvo a punto de degollarme.

—¡Santo cielo! —exclamé estremecido.

—Lo guardo como un recuerdo muy aleccionador —me dijo, y enseguida explicó—: el vino nuevo requiere depósitos flexibles, capaces de adecuarse al ritmo de la fermentación del caldo joven. ¿Puedes entenderlo ahora?

—Creo que sí —empezaba a captar la esencia del mensaje—. Los cambios requieren una mente abierta, flexible, capaz de aclimatarse. La rigidez rompe la tela y quiebra el vidrio.

—¡Exacto! —aplaudió—. Es verdad que en la vida existen determinados principios perpetuos, innegociables e inamovibles. Pero también hay muchas cosas que requieren adecuarse y cambiar. Si eres capaz de gestionar los cambios con sabiduría, convertirás cada crisis en una enorme oportunidad. Por el contrario, si te resistes a aceptar los cambios a los que la vida te aboca, entonces la crisis, lejos de hacerte madurar, te pudrirá.

Yo asentía en silencio, reflexionando en la riqueza que contenían aquellas palabras y constatando que no, Selah no había perdido la coherencia. Los años, lejos de restarle equilibrio, le habían aportado algo más valioso que el conocimiento; se trataba de auténtica sabiduría.

—Supongo que debo adaptarme a los cambios.

—Lo primero es aceptarlos —espetó—. La aceptación es el paso previo e imprescindible para la adaptación. Una vez aceptado el cambio se inicia el proceso de asimilación. Si quieres podemos denominarlo las tres A del cambio: aceptación, asimilación y adaptación. *Acepto* que cambiar es imprescindible, eso me permite *asimilarlo,* y en consecuencia procedo a *adaptar* mi vida y entorno para ese cambio inexorable.

—No resulta fácil —lamenté—. Tener la vida resuelta y ver que de pronto todo se tambalea es muy complicado.

—Te comprendo —repuso—. Una leve brisa de cambio supone un verdadero huracán para quien lo sufre…

En ese punto lo interrumpí:

—¿De verdad cree que lo que estoy viviendo es una leve brisa? —reproché decepcionado, pues me pareció que Selah minusvaloraba mi situación.

—No quise decir eso, y disculpa si te hice percibir que menosprecio tu crisis. Lo que intento decirte es que la vida implica cambios. El cuerpo de la mujer cambia para adaptarse al ser que se gesta en su útero. Desde que nacemos, nuestro cuerpo experimenta las alteraciones que conlleva el crecimiento. El bebé modifica su fisionomía a medida que se hace niño, más tarde joven y luego adulto. El organismo experimenta una constante transformación en el proceso del crecimiento, porque vivir implica cambiar. Los entes carentes de vida no cambian —se incorporó y tocó con su mano la pared de piedra del faro—. La roca es inmutable porque está muerta —luego dio dos leves golpes al respaldo de madera de la silla—. La madera cortada, por la que no circula savia, no experimenta cambios más allá de las alteraciones de volumen provocadas por la humedad y la temperatura. Pero la rama viva sí cambia, adecuándose a las diversas estaciones meteorológicas. ¿Puedes entenderlo? Lo vivo cambia de forma constante. Todas las ciencias van modificándose para asimilar los avances y los nuevos descubrimientos… Los cambios son necesarios para el crecimiento. El crecimiento implica cambio constante.

11

Convertir el tropiezo en una caída hacia adelante

Cuando todo parezca ir contra ti, recuerda que el avión despega contra el viento y no a favor de él.

HENRY FORD

—Sí, lo sé —respondí un tanto ofuscado—, pero todos los ejemplos que ha mencionado: lo del bebé en el vientre, el crecimiento de un niño, el avance de la ciencia… Todos esos casos tienen un fondo positivo. Mi situación es diferente. Mi esposa se fue y ahora tal vez pierda el empleo, ¿no lo entiende?

—Todos los cambios, sean del tipo que sean, son crisis y todas las crisis son oportunidades —sonó tajante—. No es diferente en tu caso. ¿Nunca oíste que a veces la gracia viene disfrazada de desgracia?

—Pues no, y le confieso que no soy muy dado a frases…

Selah ignoró misericordiosamente la acritud que impregnaba mi intervención y me dijo:

—Ocurre en ocasiones que las grandes oportunidades vienen camufladas bajo una apariencia desagradable. Son maravillosos regalos que llegan en un empaque feo y oneroso —meditó unos instantes, al cabo de los cuales interrogó—: ¿Qué habría ocurrido si Bill Gates hubiese abandonado la lucha cuando vio cómo su primera empresa se derrumbaba? Hoy es uno de los hombres más ricos del mundo, pero no ganó su fortuna inmediatamente… ni tampoco fácilmente. Inició su carrera como muchos otros emprendedores, con un proyecto humilde: una empresa llamada

Traf-O-Data, cuyo cometido era procesar y analizar los datos de determinadas cintas de grabación. Trató de vender su idea junto con su socio, Paul Allen, pero el producto apenas funcionaba. Fue un completo desastre. Sin embargo, el fracaso no evitó que Gates explorara nuevas oportunidades. Se reinventó, ¿comprendes?, pero no incorporó un pedazo de tela nuevo en el tejido viejo, sino que adecuó su pensamiento y renovó su mente para enfrentar nuevos retos. Así fue como algunos años después creó su primer producto de *Microsoft* y progresivamente se acercó a la cima del éxito empresarial —me miró, intentando captar si lo seguía. Se rascó un momento la cabeza, como azuzando al recuerdo. Enseguida replicó—: ¿Y Walt Disney? ¿Qué hubiera pasado si cuando fue despedido por su falta de creatividad hubiese abandonado? —enseguida explicó—: uno de los genios más creativos del siglo XX fue despedido de un periódico porque no tenía creatividad, pero Disney decidió tomar ese tropiezo como una caída hacia adelante y fundó su primera empresa de animación llamada *Laugh-O-Gram Films.* ¿Puedes ver la transición? De un periódico a la animación audiovisual, es decir, vino nuevo, pero en un envase también nuevo: una mente abierta y flexible.

—Tal vez no funcione lo que estamos haciendo porque eso que hacemos no es lo que sabemos hacer —reflexionó un momento y a continuación me interrogó—. No sé si conoces esa cita atribuida a Einstein que dice: Todo el mundo es un genio. Pero si juzgas a un pez por su habilidad para trepar árboles, vivirá toda su vida pensando que es un inútil —tras un breve silencio reflexivo, continuó—. Disney, tras su fracaso en el periódico, con muchísimo esfuerzo logró recaudar quince mil dólares para el primer proyecto, pero poco después tuvo que cerrarlo —asintió levemente con la cabeza y su gesto era de tristeza—. Ahí Disney se desesperó… Se vino abajo, ¡pero no abandonó! No contaba con apoyos y no tenía ni un centavo, pero encontró una forma de llegar a Hollywood. Tampoco allí le resultó sencillo. Enfrentó la crítica y el fracaso hasta que por fin sus películas comenzaron a hacerse populares.

—Debo reconocer —admití— que sus relatos son inspiradores. Pero no logro encontrar una clara similitud con mi caso. Yo no he fundado un proyecto, sino que desembarqué en una empresa que estaba en apuros y cuadrupliqué sus ganancias. Ahora me amenazan con el despido…

—Steve Jobs fue despedido de su propia empresa —replicó Selah con agilidad asombrosa—. ¿Te sientes más identificado con él? Eso sí es un fracaso insuperable: ser expulsado de la empresa que uno mismo fundó... Jobs encontró el éxito con poco más de veinte años, cuando *Apple* se convirtió en un imperio, pero cuando tenía treinta, el consejo ejecutivo de *Apple* se convirtió en consejo ejecutor, ¿te suena? —sonrió para hacerme ver que había adoptado mi frase—. La junta directiva decidió despedirlo. Pero Jobs optó por convertir la gran crisis en una inmensa oportunidad, y lejos de dejarse intimidar por el aparente fracaso fundó una nueva empresa llamada *Next* —casi rió Selah al decirlo—. ¿Te das cuenta? Llamó "siguiente" a su nuevo proyecto, como quien decide verlo como un peldaño más en la escalera a la cima. Tiempo después esa empresa fue adquirida por *Apple*. De ese modo se vio de nuevo desembarcando en su primera compañía. Renovó la imagen de la empresa y la hizo crecer.

Yo estaba embebido en el relato. Las palabras de Selah actuaban como espuelas en mi conciencia, haciéndome sentir una placentera corriente de ilusión en mi interior. El discurso se convertía en luz que iluminaba los recovecos de mis sombras, permitiéndome ver oportunidades donde antes solo veía inconvenientes.

—Permíteme que ponga solo un ejemplo más de alguien que decidió cambiar en vez de poner remiendos nuevos en trapos viejos. Me refiero a Milton Hershey. Tuvo tres empresas de dulces antes de fundar Hershey's. ¿Conoces estos chocolates?

—¿Y quién no? —me relamí—. ¡Son deliciosos!

—Cuando Milton comenzó la producción de dulces era un don nadie que había sido despedido de una imprenta. En vez de sentarse a lamentar, decidió cambiar completamente su vida y comenzó un negocio de dulces. ¿Qué te parece? De una imprenta a una pastelería... ¿Es o no es reinventarse? Vino nuevo y odre nuevo. Por desgracia, poco después esa primera tienda de dulces quebró, y lo mismo le ocurrió tres veces consecutivas: negocio que levantaba, poco después lo veía caer. ¿Crees que se arredró?

—Sospecho que no…

—Y sospechas bien, porque en un último intento, fundó la empresa Hershey's y se convirtió en un nombre conocido y reconocido dentro de la industria.

—¿Por qué me cuenta todo esto?

—Porque creo en ti…

—¿Cree en mí? —casi reí al decirlo—. ¿Acaso me conoce? ¿Cómo puede creer en un desconocido? —apenas las hube pronunciado me di cuenta de que mis preguntas sonaban desconsideradas y chorreaban hiriente sarcasmo—. Entiéndame… Le agradezco lo que me dice, pero no comprendo que pueda mostrar esa confianza en alguien a quien apenas conoce. Solo me ha visto unas horas sentado en la terraza de una cafetería…

—Sí —insistió—, creo en ti y creo, además, que el mundo te está esperando. No siempre es preciso pasar mucho tiempo con alguien para conocerlo —advirtió—. Hay personas cuyos ojos son ventanas abiertas a su alma y un primer vistazo deja ver la esencia de lo que vive allí adentro. He aprendido que hay dos cosas que demuestran la calidad de una persona: su serenidad cuando no tiene nada y su actitud cuando lo tiene todo… Y algo me dice que tú eres una persona de alta calidad.

Se levantó, acercó un pequeño azucarero y me pasó una cucharilla para que endulzara el té a mi gusto.

—Tómalo antes de que se enfríe, te hará bien; si el desvanecimiento que sufriste tiene que ver con que tengas la tensión baja, esto te ayudará —luego me preguntó—: ¿Dispones de un poco más de tiempo para escucharme?

—¡Desde luego! —le respondí mientras añadía azúcar a mi té y giraba la cucharilla para disolverlo—. Hoy tenía previsto aprender de usted como cada noche, desde mi mesa en la cafetería. Nunca pensé que tendría el privilegio de recibir su enseñanza de forma tan cercana.

—Hablábamos de cambios —retomó el hilo de nuestra conversación—. Supongo que, como ejecutivo, has tenido que aplicarlos de vez en cuando.

—Pues sí. Varias veces me ha tocado incorporar estrategias nuevas en mi equipo de ventas.

—Hablemos de eso, pero... —se incorporó de la silla y se aproximó al pequeño ventanuco desde el que se apreciaba una luna redonda y blanquísima— hace una noche espléndida y la luna es bellísima. ¿Qué te parece si subimos al balcón? Me da la impresión de que no podrás olvidar la imagen que desde allí se aprecia.

12

Ajustar velas para que el viento del cambio no nos lleve a la deriva

Un hombre con una idea es un loco hasta que triunfa.

- Mark Twain

El ascenso por la estrecha y empinada escalera no resultó ni rápido ni sencillo. Selah tuvo que detenerse varias veces para recuperar el resuello.

—¿Qué medicina fue a encargar a la farmacia? —pregunté algo inquieto al notarlo tan cansado.

—Se trata de una pócima para el corazón que prepara el boticario. Mi corazón está cansado —rió al decirlo, quitando importancia al tema—. Sigamos subiendo. Ya queda poco y verás que vale la pena.

Cuando salimos a la estructura metálica que circundaba el faro, pude apreciar que Selah no había exagerado un ápice. Él se recostó en la baranda metálica intentando recuperar el aliento, y yo recorrí el balcón disfrutando de la vista hacia los cuatro puntos cardinales.

Oteando el horizonte se me olvidaron las escaleras y el cansancio, pues la vista era impresionante. Una luna redonda y enorme parecía estar al alcance de la mano. El mar, sin embargo, daba la impresión de estar muy lejos a causa de la altura del faro, pero se hacía muy cercano en su sonido. Con una fuerza inusitada arremetía contra las rocas que le ponían límite, y en el choque se convertía en espuma blanca.

Por debajo de nosotros... muy por debajo, las gaviotas se deslizaban con una dulzura inspiradora y de cuando en cuando liberaban su roto graznido.

—¡Dios mío! —exclamé— ¡qué vista tan impresionante...!

—Estamos a doscientos veinticinco metros de altura sobre el mar —aclaró Selah—. Este es uno de los faros más altos de España. ¿Verdad que la imagen impresiona?

—Nunca pensé que pudiera haber paisajes como este...

—El mundo está lleno de escenarios así, pero es necesario salir a buscarlos. Sospecho que tu mirada estaba demasiado enfocada a los balances y cuentas de resultados —sonrió, palmeó mi espalda y volvió a recostarse con gesto cansado. Tras breves segundos añadió—: Confío en que ahora que encontraste algo así, te esmeres por buscar paisajes parecidos.

—Está muy apartado de la civilización —apunté.

—¿Perdón?

—El faro —aclaré—, está retirado del pueblo y muy aislado. ¿No le inquieta estar aquí solo por las noches?

—Bueno, no voy a ocultarte que al principio me intimidaba, no tanto por la oscuridad; lo más impactante es el silencio. Este faro, como todos, está aislado para evitar otros focos de luz por razones muy obvias: se pretende evitar la contaminación lumínica para que la linterna del faro no pueda confundirse con ninguna otra luz. Solo así se logra dar una guía fiable a los navegantes —se había incorporado para hablarme, ahora volvió a acodarse en la baranda metálica y enfocó la vista a la distancia, al mar abierto, por donde navegarían los barcos ávidos de la luz del faro—. Pero lo más estremecedor aquí son las tormentas. Al estar aislado y tan alto, la cúpula —señaló a la parte alta del faro; a la caperuza de hierro que a modo de ridículo sombrero coronaba la torre— atrae a los rayos. Es aterrador el sonido aquí adentro cuando cae un rayo... Pero de este modo, atrayendo a los rayos y alejándolos de la aldea, la fortaleza marina no solo salva a los navegantes, también a quienes pueblan la ciudad.

Reparé en un último tramo de escaleras que nacía en un extremo del mirador en el que estábamos y conducía hasta esa cúpula a la que Selah acababa de señalar, pero el acceso a esas escaleras estaba cerrado por una cancela metálica.

—Conducen a la linterna del faro —me dijo Selah al ver que observaba las escaleras—. Pero el acceso está cerrado aquí abajo y también arriba con una portezuela.

—¿Nunca ha subido a la lámpara?

—Nunca —me dijo.

Eso descartaba la opción de que fuese él quien activaba la luz, y preferí no decirle nada de las veces en que la había visto encendida. No quería que Selah pusiese en duda mi equilibrio mental.

Ambos nos mantuvimos absortos, contemplando la inmensidad que la luna llena iluminaba.

—Aprovecha y disfruta este momento —sugirió—, pero mientras tanto me gustaría retomar nuestra charla. Me dijiste que varias veces te tocó implementar cambios en tu equipo de ventas. ¿Me permitirás que te recuerde algunos principios a tener en cuenta a la hora de aplicarlos?

—Se lo ruego —le dije concentrando en él toda mi atención.

—**Primero: Debes estar convencido de que el cambio es imprescindible.** Al igual que en la vida, los cambios también son esenciales en la empresa —asintió con la cabeza para dar más énfasis al mensaje—. No son optativos, sino esenciales. ¿Oíste que las cuatro últimas palabras de una compañía moribunda son: "Siempre lo hicimos así"?

—No lo había oído —reconocí—, y la frase tiene lo suyo...

—Sabiduría —repuso—. La frase contiene sabiduría. Con frecuencia, lo que una compañía necesita no es hacer más, sino hacerlo diferente. A menudo no es preciso invertir más, sino invertir mejor.

—¿Se refiere a innovación? —aventuré.

—¡Correcto! —aplaudió—. Creo que esa es la palabra: innovación, adecuación de medios, integración de nuevos métodos. Investigación de mercado e incorporación de ideas y estrategias novedosas —me miró con su perenne sonrisa—. Dime algo, ¿te pondrías en manos de un cirujano que haga sus cirugías con las técnicas de hace treinta años?

—Supongo que no...

—¿Solo lo supones? —rió y le salió una tos que se hizo pertinaz. Le tomó varios segundos recomponerse, pero enseguida que lo hizo concluyó—. Yo estoy convencido de que no lo haría. Jamás me pondría en manos de un cirujano que interviniese con las técnicas de hace treinta años.

—Tiene razón —admití—; sería una temeridad encomendarse a un médico así.

—Sin embargo, hay compañías que pretenden conectar con sus clientes y consumidores usando métodos de principios del siglo pasado —su cara denotaba perplejidad—. Tales entidades tienen marcada y bien próxima su fecha de caducidad. Esa actitud las coloca fuera del mercado y demuestra una clamorosa falta de conocimiento al menos en dos cosas —las enumeró usando los dedos—: primero, desconocen el tiempo en que viven; y segundo, ignoran a las personas con quienes conviven. Si no se han molestado en saber cómo son las personas de este siglo, ¿cómo pretenden servirles? Si no se tomaron el trabajo de descubrir las posibilidades y oportunidades que el tiempo actual ofrece, ¿cómo van a aprovechar esos recursos? ¡Para ser relevantes hay que ser contemporáneos!

—Le confieso que en el consejo de administración de NLC bromean conmigo porque sigo tomando mis notas con bolígrafo y papel...

—Bueno, no creo que eso sea un problema —apuntó—. Tras los muros de la compañía puedes obrar y gestionar como más cómodo te sientas, eso no perjudica a nadie, pero al abandonar la fortaleza y sumirte en el mundo, debes asimilarte a sus formas. Mi autor favorito escribe sus libros con estilográfica. ¡Jamás escribió en un ordenador! Pero a la hora de presentar al público sus nuevos trabajos, crea un auténtico espectáculo audiovisual. Sus lectores se ven sumidos en pura tecnología. El libro fue escrito con los rudimentos más antiguos, el autor no sabe lo que es un *WhatsApp*, pero se rodea de los medios más contemporáneos para dar a conocer sus nuevas publicaciones.

—Estoy de acuerdo con usted —asentí—, y pienso que la mayoría de las compañías que trabajan con métodos antediluvianos no se han preguntado por qué lo hacen.

—¡Tú lo has dicho! —asintió—. Usan protocolos heredados y procedimientos tradicionales que consideran sacrosantos; alterarlos o desecharlos lo consideran una herejía. A esos directivos yo los llamo ejecutivos de herencia, pero no de experiencia —se rascó la cabeza, reflexionando—. Tu sabio apunte me recuerda la historia de aquella familia que se reunió para la cena de Acción de Gracias. El niño observó a su mamá partir el pavo en dos mitades y meter al horno una de las porciones; cuando estuvo cocinada metió la otra mitad.

—*Mamá* —*le preguntó*—, *¿por qué asas el pavo en dos mitades?*

—*Porque la abuela siempre lo hizo así.*

El muchacho se aproximó entonces a la abuelita que plácidamente veía la televisión y la interrogó:

—*Abuelita, ¿por qué asabas el pavo en dos mitades y no lo hacías entero y de una vez?*

—*Hijo* —*respondió ella*—. *Lo hacía así porque fue como lo vi hacerlo a la bisabuela.*

Decidido a develar el enigma, se acercó a la bisabuela que dormitaba plácidamente sentada en su sillón favorito.

—*Abuelita, abuelita* —*le dijo sacudiéndola levemente hasta que la mujer despertó y le enfocó con sus ojos que apenas veían*—. *Dime, abuelita, ¿por qué asabas el pavo de acción de gracias en dos mitades, en vez de asarlo entero y de una sola vez?*

—*Cariño, es muy sencillo: mi horno era demasiado pequeño y el pavo no cabía entero...*

Reí sin poder evitarlo.

—¿Te das cuenta? —rió también Selah al interrogarme—. La abuela hacía las cosas de esa manera porque no tenía más opción, ¡carecía de recursos! Tres generaciones después seguían haciendo lo mismo, aunque disponían de medios mucho más avanzados que les permitían optimizar el tiempo y mejorar el resultado. Lo hacían como cuarenta años atrás, sin preguntarse si se podía innovar para incrementar la eficacia, reducir costos y ganar tiempo —me miró con intensidad y su alegato sonó a advertencia—. Debes estar convencido de que adecuar los métodos e incorporar técnicas y protocolos actuales te ayudará a crecer. *La innovación diferencia a un líder de un seguidor*, dijo Steve Jobs.

—Para eso es necesario tener imaginación —repuse mientras lamentaba ser tan poco creativo y original—. ¿Qué puede hacer alguien que no tiene ideas innovadoras?

—Buscar a quien las tenga —replicó rápidamente—. ¿has oído hablar de Andrew Carnegie?

—¿El empresario estadounidense?

—Veo que lo conoces...

—En el master de gestión comercial nos hicieron aprender su vida casi de memoria.

—Lo veo lógico —apuntó Selah—. Es todo un referente. Fue un gran industrial, gran empresario y sobre todo un gran filántropo. Vivió en Estados Unidos aunque era oriundo de Escocia. Según la revista Forbes es considerado la segunda persona más rica de la historia y el mejor industrial del acero. Parece lógico que con un historial así se le incorpore en el currículo que formará a un gestor. Pero, ¿os dijeron que él apenas sabía nada de la explotación del acero?

—¿El mejor industrial del acero no conocía acerca de ese metal? —inquirí, perplejo.

—Así es, y el epitafio que eligió para su lápida nos da la clave de su triunfo. Si visitas su tumba, podrás leer lo que allí hay impreso: "Aquí yace un hombre que supo rodearse de personas más hábiles que él" —Selah provocó un silencio estratégico para dar realce a su siguiente frase—. Mucho más inteligente que quien lo sabe todo, es quien se rodea de personas que conozcan lo que él ignora. En una empresa hay ocasiones en que es necesario contar con los servicios de una consultora que te ayude a detectar nuevos planes estratégicos. Te dará visión de negocio, no solo adelante, o sea, visión de futuro, sino multidireccional, es decir, global. Y existe una tercera categoría de visión, la lateral, es decir, la creatividad o capacidad de ver donde nadie ve. A menudo, mirar por los ojos de una consultora hace que tu visión se vea multiplicada.

Escuchando a Selah no podía dejar de preguntarme cómo un saxofonista itinerante podía conocer tanto y tan bien acerca del mundo de la empresa. Cosas que él me contaba yo las había oído de los más reputados maestros en gestión empresarial. Cuanto más conocía a ese hombre, más interrogantes aparecían en mi mente.

Lo enfoqué sintiendo una enorme admiración y fue entonces cuando pude apreciar que su frente estaba perlada de sudor, y el viejo músico se pasaba la mano por los ojos en un gesto de enorme cansancio.

—Selah, ¿se encuentra bien?

—Lo cierto es que me noto bastante cansado...

—Será mejor que descendamos —le dije tomándolo por el brazo y ayudándolo a caminar hacia las escaleras.

No opuso resistencia, sino que se dejó llevar. El descenso por la estrecha escalera fue lento, tortuoso e inacabable. Cada tres peldaños Selah precisaba detenerse y apoyarse en la pared para reposar y recuperar el resuello. Cuando por fin llegamos a la habitación lo ayudé a recostarse en la cama.

—Humedece un paño con agua, por favor, y dámelo.

No encontré ningún paño, así que tomé mi pañuelo que estaba limpio, lo humedecí en agua y se lo acerqué. Mientras Selah se pasaba el pañuelo por la frente y por el cuello intentando refrescarse, inició a hablar:

—Estar convencido es el primer peldaño en la escalera de la innovación —inspiró profundamente y continuó—; entender que esta es imprescindible te ayudará a asumir las crisis...

—¡Selah, por Dios, está usted agotado! —volví a pasar por su frente el pañuelo que ya me había entregado—. Necesita usted reposar...

—Pero, siento urgencia por decirte esto...

—Por urgente que sea, seguro que puede esperar a mañana —lamenté que mi voz sonó más determinante de lo que hubiera deseado. Palmeé con cariño su hombro para decirle—: Ahora descanse, le prometo que mañana vendré a verle y podremos seguir hablando.

Selah me sonrió mientras asentía con la cabeza.

Lo arropé y pasé mi mano por su encrespado cabello sintiendo un enorme arranque de ternura. Luego me dirigí a la puerta; desde allí volví a mirarlo. Al verlo en aquel camastro y arropado hasta el mentón, me pareció tan frágil y vulnerable...

—Tal vez debería llamar a un médico —le dije—. Estoy preocupado; ¿me permite que llame a un doctor?

Movió su cabeza lentamente, llevándola de hombro a hombro.

—Tranquilo, hijo, no es necesario. Solo necesito descansar un poco. Ve, duerme, y mañana ven a desayunar conmigo. ¿Lo harás, por favor?

—Se lo prometo, mañana estaré aquí temprano.

De regreso a casa la inquietud me hurgaba por dentro, como si de un grueso alfiler se tratase. No me gustaba el aspecto de Selah; me sentí algo culpable por no haber llamado al médico y por haberlo dejado solo en aquella habitación.

Apenas llegué a la habitación me preparé un café y salí a la terraza a disfrutarlo. Mientras sorbo a sorbo degustaba la bebida caliente, comencé a escribir en mi cuaderno.

El Cuaderno Rojo de Luis

Cuarto Día

Hoy aprendí que:

+ Dos cosas demuestran la calidad de una persona: su serenidad cuando no tiene nada y su actitud cuando lo tiene todo.

+ No podemos elegir lo que nos tocará enfrentar, pero sí podemos decidir con qué actitud vamos a enfrentarlo.

+ Vivir implica cambiar. Gestionando los cambios con sabiduría convertiremos cada crisis en una oportunidad. Pero si nos resistimos al cambio, la crisis, lejos de hacernos madurar, nos pudrirá.

+ Lo primero para rentabilizar los cambios es aceptarlos. La aceptación es el paso previo e imprescindible para la adaptación. Una vez aceptado el cambio, se inicia el proceso de asimilación.

+ Con frecuencia, lo que una compañía necesita no es hacer más, sino hacerlo diferente. A menudo no es preciso invertir más, sino invertir mejor.

+ En ocasiones, las grandes oportunidades vienen camufladas bajo una apariencia fea y onerosa. La gracia a veces viene envuelta en desgracia.

Reflexioné lentamente, e intensamente también, en lo que había escrito. De manera casi espontánea mi mano se deslizaba sobre la superficie de papel, dejando un reguero de letras a su paso:

*S*erenidad cuando todo falta y humildad cuando lo tengas todo, son señales de verdadero liderazgo.

*E*star listos para tornar lo complicado en adecuado, y lo adecuado en rentable, eso es sabiduría.

*L*o primero es aceptar la necesidad de cambio. Es el embrión de los ajustes.

*A*prendiendo a ver la gran oportunidad en el útero de la peor crisis, así se crece.

*H*umo sin fuego no alumbra, sino que ciega. Así es quien se resiste a los cambios. El fuego que ayer calentó, hoy solo es humo. La innovación reaviva la llama e inflama las ascuas.

13

¡Huye de los círculos viciosos y de las mentes cuadradas!

No te enfades con quienes odian los cambios. Quien siempre vivió enjaulado piensa que volar es una enfermedad.

- J. L. Navajo

Desperté con los primeros rayos de luz filtrándose por la persiana. Abrir los ojos y pensar en Selah fue todo uno. Tomé una ducha rápida y enseguida estaba camino del faro.

Al llegar a la torre vi que la puerta estaba entornada y subí los escalones de tres en tres, azuzado por la urgencia y el temor.

¿Estaría bien Selah?

Lo estaba, y me aguardaba en el último peldaño con una radiante sonrisa.

—Descansé como un bebé recién bañado y amamantado —me dijo antes de que pudiera preguntarle.

—No sabe cuánto me alegro —le dije mientras le daba un abrazo—. De verdad que estaba preocupado.

—Me tomé la libertad de preparar un café y un poco de pan tostado…

—¡Delicioso! —exclamé—. No veo el momento de tomarme una buena taza de café.

—¿Qué te parece si disfrutamos de este desayuno arriba, en el balcón?

—Me parece una propuesta inmejorable.

Selah me indicó unas sillas plegables y una mesa pequeña de resina blanca. Las subí al balcón del faro mientras él hizo lo mismo con una bandeja sobre la que llevaba el desayuno. Intenté hacerlo yo, pero él me lo impidió.

—Déjame llevar esto; quiero demostrarte que estoy recuperado.

Y me lo demostró. Logró subir aquella bandeja, peldaño a peldaño, en perfecto equilibrio.

Ya arriba, durante varios minutos ninguno de los dos habló. La belleza del paisaje, la suave brisa con olor a mar, los graznidos de las gaviotas... Todo nos invitaba a guardar silencio para ingerir y digerir los detalles de aquel momento irrepetible. Degustamos el café con las tostadas en un placentero silencio mientras el mar, debajo de nosotros, rugía con fuerza a la vez que arremetía con tremenda virulencia contra las rocas. Mínimas partículas de agua, mecidas por la brisa, humedecieron nuestros rostros.

Fue tras diez minutos de contemplación, ensoñación y reflexión que la voz de Selah me trajo de vuelta. Con una precisión asombrosa hilvanó sus comentarios con el tema que el día anterior habíamos tratado:

—Estar convencido de que el cambio es necesario es el primer peldaño en la escalera de la innovación —inspiró profundamente y continuó—. Entender que esta es imprescindible te ayudará a asumir las crisis y contratiempos que surgirán en la implementación de los cambios. Porque surgirán los impedimentos, no lo dudes...

—Le aseguro que estoy tomando buena nota de cada una de sus palabras y pondré en práctica sus consejos.

—Pues aquí va otro punto importante a la hora de aplicar cambios. El segundo principio es que **los cambios han de consensuarse con el equipo, o al menos intentarlo**. ¿Me permites que te cuente una historia?

—Se lo ruego —dije con total sinceridad—. No se me ocurre un plan mejor que escuchar uno de sus relatos en este lugar paradisiaco.

—Déjame que te cuente. Hubo un reino idílico y de ensueño cuyos habitantes vivían seguros, felices y confiando ciegamente en la acertada gestión de su rey. Todos apreciaban al monarca, pero eran conscientes de que las acertadas decisiones que hacían de aquel reino el más floreciente de cuantos existían, no surgían solo de la regia cabeza que portaba la corona, sino del nutrido equipo de consejeros que aportaban al reino su conocimiento y sabiduría. Un aciago día, ese magnífico equipo dio cabida a la disensión… No me refiero a la discusión —matizó Selah—, pues esta siempre estuvo presente, ya que discutir no solo es aceptable, sino que resulta conveniente: **discutir es comparar distintos puntos de vista y diferentes análisis, siempre con un propósito común.** Pero aquel día lo que se inoculó en el corazón del reino fue la disensión, que es **oposición de varias personas con respecto al parecer y al propósito.** Captas la diferencia, ¿verdad? —inquirió.

—Si no le entendí mal —me aventuré a responder—, discutir consiste en comparar ideas para alcanzar un propósito común y disentir es oponerse en la forma y también en el propósito.

—Yo no lo hubiera dicho mejor, muchas gracias—aseveró, dejándome muy complacido con su elogio. Luego continuó su relato—. Admitida y fomentada la disensión, el reino no tardó en dividirse. Se convirtió en un reino dividido contra sí mismo, porque, escúchame —había urgencia en su mirada—: cuando la disensión no es combatida y erradicada, se convierte en el embrión de la división —volvió a repetirlo marcando cada sílaba—; la disensión es el embrión de la división.

Ese cisma no lo notaron inmediatamente en las calles, ni llegó enseguida a las aldeas, ni tampoco a los hogares… Pero era evidente en el centro de operaciones del reino: en el palacio. Los síntomas de la enfermedad los percibe el cuerpo infectado mucho antes que el entorno, pero si la infección no se combate llega a ser notorio para cuantos lo rodean. Fue cuestión de tiempo que el virus de la división afectara a los engranajes del reino, y eso se tradujo en un deterioro que afectó a todas las instancias. Poco después no se notaba solo intramuros, sino que fuera de las fronteras se conoció: el gran reino se había dividido contra sí mismo. Los enemigos solo tuvieron que esperar pacientemente hasta que el debilitamiento fue evidente, y entonces rodearon la ciudad que, baja de defensas, sucumbió al asedio. Porque un reino dividido contra sí mismo está perdido...

—Esta vez capté la intención de su relato desde el principio —sonreí—. El palacio, al que llama "sala de operaciones del reino", se refiere a la sala del consejo directivo de la compañía, donde se reúne el comité ejecutivo... O ejecutor —reí.

—Me alegra que lo hayas percibido —lo apreció con sinceridad—. ¿Así que tuviste que implementar cambios en tu equipo de ventas? —sin aguardar mi respuesta añadió—: ¿Te diste cuenta de lo importante que es desarrollar los ajustes buscando el consenso?

—Bueno —titubeé—. Creo que es mejor que sea honesto, y debo decirle que algunos cambios los impuse a la brava. Estaba convencido de que era necesario y urgente implementarlos, y así lo hice.

—¿Hubo resultados positivos?

—No estoy seguro de eso —admití—. Lo que sí hubo fueron caras de enfado en mis vendedores, amistades rotas y unas cuantas confrontaciones bastante desagradables con la ejecutiva.

—La mayoría de los cambios que se aplican con urgencia, lejos de acelerar el ritmo de la compañía, la hacen retroceder —advirtió—. A menos que las personas influyentes estén de acuerdo, la división terminará por afectar e infectar. Un reino dividido contra sí mismo no puede prosperar. Si por ganar tiempo implementas los cambios de forma precipitada, luego perderás el triple de tiempo en deshacer los desaguisados que la precipitación provoca.

—Pero los subordinados deberían aceptar cuál es su posición y cuál la mía...

—¿Te diste cuenta del título con el que acabas de referirte a los miembros de tu equipo?

Titubeé un instante, reproduciendo mentalmente las palabras que había dicho. Finalmente aventuré:

—¿Subordinados?

—¡Exacto! —ratificó—, y ese es otro error, considerarles subordinados en vez de colaboradores. Si los ves como sirvientes, entonces solo tienen la opción de obedecer, pero si los aprecias como socios y colaboradores entonces comprenderás que necesitan tu explicación, y también se la merecen. Un sirviente dará su tiempo por su jefe, pero un socio y colaborador dará su vida por esa causa que sienta suya. ¡Gánate el apoyo de tu equipo! Invierte en eso el tiempo que sea necesario y convénceles de que los ajustes que aplicas es en busca del bien común. Entonces se dejarán la piel defendiendo tu causa porque ahora es suya también. Se sentirán escuchados y "cuando me siento escuchado, me siento respetado".

Las palabras de Selah llegaban como lluvia fina sobre una tierra seca. A la luz de sus consejos comenzaba a ver con meridiana claridad algunos de los errores que había cometido en la gestión de mi departamento y que, sin duda, habían generado un terrible desgaste en mis vendedores y también en mí.

—Una de las necesidades primarias de todo ser humano según la pirámide de Maslow es sentirse importante —recordó Selah—. Todo ser humano tiene una necesidad de prestigio. Procura suplir esa necesidad en tu equipo, hazles sentir apreciados e importantes, y se dejarán la sangre defendiendo tu objetivo, porque lo habrán hecho suyo. Casi puedo asegurarte que solo hay un medio para conseguir que alguien haga algo: lograr que quiera hacerlo.

—No estoy muy seguro de que sea ese el único medio —repliqué—. Mis subordinados tienen la obligación de prestarme su cooperación…

—Sí, hasta que vuelvas la espalda —advirtió—. Y veo que subordinado sigue siendo tu término predilecto para referirte a ellos… Si usas el poder de tu cargo rendirán en tu presencia, pero en cuanto no estén bajo tu enfoque visual, harán otra cosa. Mediante el poder que te confiere tu cargo lograrás que obedezcan, pero si usas la autoridad de tu persona, conseguirás que cooperen y participen de forma activa, voluntaria y genuina. El presidente de Estados Unidos, Abraham Lincoln, empezó una vez una carta con estas palabras: "A todo el mundo le gusta un elogio". Pienso que pocos elogios son tan grandes y efectivos como que alguien se tome el tiempo y la calma de escuchar con atención lo que yo opino.

William James dijo: "El principio más profundo del carácter humano es el anhelo de ser apreciado". Nota que James no habló del "deseo", sino del anhelo de ser apreciado. Es lo que llama Freud "el deseo de ser grande". Es lo que llama Dewey "el deseo de ser importante". Si logras interesarte de forma sincera por los demás, tendrás al mundo comiendo en la palma de tu mano, y hasta el sepulturero se apenará el día que mueras.

—Me está convenciendo —repliqué—, y escuchándolo me da la impresión de que no hice demasiado bien las cosas últimamente...

Selah palmeó mi antebrazo con calidez y sonrió; luego añadió:

—Una de las primeras personas en el mundo de los negocios a la que se pagó un sueldo de un millón de dólares anuales, y eso en una época en la que se podía vivir perfectamente con cincuenta dólares a la semana, fue a Charles Schwab. ¿Sabes quién contrató a Charles Schwab? ¿Sabes quién le pagaba ese increíble salario? —no aguardó mi respuesta, y hubiera sido aguardar en vano, porque no tenía la menor idea—. ¡Andrew Carnegie! ¿Por qué pagaba Andrew Carnegie a Schwab la increíble cantidad de tres mil dólares por día? El mismo Charles Schwab reconoce que en su equipo tenía a colaboradores que sabían mucho más que él mismo acerca de la fabricación del acero, pero el mérito auténtico de este industrial es que sabía sacar lo mejor de las personas a través del reconocimiento sincero y del elogio genuino. No adulaba a sus empleados, sino que elogiaba con toda sinceridad los puntos fuertes de ellos, y era remiso a la hora de criticar los errores de sus subordinados.

—Elogiaba, pero no adulaba —repetí las palabras que Selah acababa de decir—. Sospecho que son cosas diferentes.

—Sospechas bien, porque son dos cosas radicalmente distintas, y quien ocupa puestos de influencia debe discernirlas con facilidad. El elogio es aprecio sincero. La adulación es halagar a la otra persona con el objetivo de obtener algo de ella —guardó un instante de silencio para que el contenido de las palabras se asentara en mí—. Como ejecutivo, debes cuidarte mucho de adular y guardarte de los aduladores.

—Procuraré no olvidarlo —aseguré.

—Charles Schwab supo hacer del elogio y del aprecio sincero su estilo de vida, y ese talento lo llevó a la cumbre. Muy pocos logran pisar esa cima porque el común de las personas arma un escándalo cuando algo no le gusta, pero si algo le gusta no dice nada.

El mismo Schwab declaró: "En mi amplia relación con la vida, en mis encuentros con muchos grandes personajes en diversas partes del mundo, no he encontrado todavía la persona, por grande que fuese o elevadas sus funciones, que no cumpliera mejor trabajo y realizara mayores esfuerzos dentro de un espíritu de aprobación que dentro de un espíritu de crítica".

—Creo que tiene razón, Selah, pero le confieso que no puedo sacudirme el temor a que si pongo muy en evidencia la valía de los demás, les hago crecerse. Temo que puedan convertirse en contrincantes en vez de colaboradores. Quiero decir, si alguien cree demasiado en sí mismo, corro tres riesgos: que exija una remuneración económica excesiva; que compita conmigo dentro de la compañía; o que se pase a la nómina de nuestro principal competidor.

—Comprendo tus temores y son legítimos, pero piensa algo. Si una persona tiene satisfecha su cuota de prestigio y está justamente pagada, es mucho menos probable que se fugue a que si está trabajando duramente sin ser reconocido y sin ser adecuadamente pagado. Cuando uno está lleno por dentro, es poco lo que necesita por fuera —y añadió con bastante firmeza—: la mayoría estarían dispuestos a renunciar a una parte de su salario a cambio de acudir cada mañana a un lugar en el que se sienten apreciados, respetados y reconocidos. Sigmund Freud decía que todo lo que tú y yo hacemos surge de dos motivaciones: el impulso sexual y el deseo de ser grande. Fíjate que el aspecto salarial no aparece entre las inmediatas prioridades.

Continuamos departiendo de forma animada. Hacía larguísimo tiempo que las tazas de café estaban vacías. El sol había ido escalando en el cielo y ahora sus rayos caían verticales. Seguramente fue eso lo que hizo que Selah mirara el reloj.

—¡Dios mío, es la una de la tarde! ¿Cuándo se fue la mañana?

—Sospecho que se fue de puntillas mientras nosotros hablábamos —bromeé.

—Y te tengo aquí, todo el día a la intemperie...

—Este lugar me fascina —dije volviendo a recrearme en la impresionante vista que ofrecía el balcón del faro—, y la conversación que estamos manteniendo es extraordinaria.

—¿Y si te quedas a almorzar conmigo? —me dijo—. Hay algún detalle más sobre eso de los cambios y la innovación que me gustaría evaluar contigo.

—Se lo agradezco mucho —le dije con toda sinceridad—. Me encanta la idea, tanto la de almorzar como la de seguir hablando, pero, ¿no será demasiado esfuerzo para usted?

—¡Claro que no! —replicó y aplicó un fingido tono de severidad a su voz para decirme—: Tú me subestimas. Me tratas como si fuera un viejo inservible. Para que veas que estoy en forma, bajaré la bandeja con las tazas...

14

Sigamos ajustando velas para convertir en aliado el viento del cambio

*Refinada soberbia es abstenerse de obrar
por no exponernos a la crítica.*

— Miguel De Unamuno

Antes de seguir a Selah y dirigirme a las escaleras, eché un último vistazo al mar. Se había aquietado de forma sorprendente y el sol se reflejaba en las aguas como en un espejo, convirtiendo la superficie húmeda en una lámina de estaño inerte. El suave rumor del mar y el graznido de las gaviotas eran como música sedante. Percibí que todos mis sentidos conectaban con la naturaleza y una dulce sensación me inundaba.

Ya abajo, me impresionó la habilidad con la que Selah cocinó un pescado a la plancha y lo acompañó de una fresca ensalada de diversos vegetales.

—¡Mmmm! —inspiré el aroma que llenaba la estancia—. Huele muy bien... Sospecho que va a estar delicioso.

—Eso espero —dijo Selah con un gesto en el que se mezclaban anhelo y timidez a partes iguales—. Me alegra mucho compartir contigo mi humilde comida... Al menos puedo asegurarte que es una comida sana y equilibrada.

—¿Acostumbra a comer así de sano?

—Sí, aunque la mayoría de las veces no lo hago por placer. ¡Ya quisiera yo saltarme esta dieta muy a menudo!, pero mi estómago no está para muchas alegrías…

Dispuso los alimentos en sendas bandejas que colocó en el centro de la mesa y con un gesto de su mano me invitó a servirme mientras decía:

—Sírvete, por favor, y deja que siga torturándote con mi palabrería —rió y de inmediato añadió—: Te comenté dos aspectos importantes acerca de aplicar cambios. Aquí va el tercer principio: **Los cambios hay que aplicarlos con mesura y prudencia.** La precipitación es un enemigo acérrimo de la excelencia. Los cambios precipitados desmoronan la estructura. Es vital implementarlos con mucha calma, con serenidad y mesura. La capacidad de un líder se mide también por la forma en que incorpora y gestiona esos cambios. La urgencia y la impaciencia son un claro síntoma de inmadurez. ¿Viste a un niño reclamar su merienda? La quiere ya… ¡Ya mismo!

No crece el vientre de una madre de la noche a la mañana, sino que el cambio va adecuándose al crecimiento de la vida. Quienes pilotan aviones comerciales saben que modificar la dirección de la nave implica maniobras lentas y sutiles para que los pasajeros no sufran innecesariamente. Si el comandante tiene la suficiente pericia, un avión que viaja hacia el norte pondrá rumbo al sur sin que los viajeros apenas se aperciban y sin que sufran la más mínima molestia. Solo se trata de maniobrar lentamente. Un giro brusco rompe la nave; girar cuarenta grados hará que los pasajeros sufran, pero oscilar progresivamente, pocos grados a la vez, variará el rumbo de la nave sin que nadie lo acuse. Se precisan comandantes sabios y prudentes en el timón de las empresas, para implementar cambios en el rumbo de la historia.

—Es interesante el ejemplo que puso del avión —asentí—. Una empresa es como un avión y los pasajeros representan a los empleados y clientes de esa compañía. Debo maniobrar con calma.

—Solo los aviones de combate dan giros bruscos —advirtió Selah—, pero no llevan pasajeros. No seas líder de guerra, sino de paz y de vida.

Durante unos momentos, ambos nos empleamos en degustar el pescado a la parrilla y algunos de los vegetales que previamente habíamos regado con un generoso chorro de aceite de oliva.

—Está delicioso —elogié con toda sinceridad—. Es usted un magnífico cocinero.

—Bueno, creo que exageras, pero sí, la verdad es que tiene buen sabor, aunque el mérito es de la calidad de los alimentos, mucho más que de la mano que los ha cocinado. ¡Espera! —se levantó deprisa, tanto que me alarmó—. ¡Qué cabeza la mía! He olvidado un detalle esencial: esta comida hay que regarla con un buen vino blanco español.

De la parte alta del frigorífico extrajo una botella de vino blanco.

—¡Aquí está! Un Albariño Do Ferreiro que tenía guardado para una ocasión que lo ameritase, y creo que la ocasión de hoy lo merece.

Con presteza y agilidad extrajo el corcho y sirvió un poco en mi copa.

—Pruébalo —me dijo—. Toma un sorbo y paladéalo lentamente.

Con sumo gusto obedecí a Selah.

—Mmmm —cerré los ojos—. Simplemente delicioso.

—¿Qué te dije? —rellenó mi copa y luego hizo lo mismo con la suya—. Un buen pescado regado con una copa de buen vino es de las mejores cosas para la salud.

—Y si todo eso está acompañado de una conversación tan nutritiva como la que tenemos, el plan es inmejorable.

—Pues sigamos con esa buena conversación, Luis, recuerda siempre que **la clave para no precipitar los cambios se encuentra en que las personas que te rodean te interesen más que los objetivos que pretendes alcanzar a través de ellos.**

—Demasiado larga la frase —bromeé—. Me temo que la mitad del contenido se me ha escapado...

—No podemos achacarlo al vino —bromeó—, apenas lo has probado —rió abiertamente al aclarar—. Lo que intento decirte es que influirás más en dos horas interesándote en las personas que en dos años intentando que las personas se interesen en lo que tú les propones. **Deben saber que quieres su bienestar y no solo su producción; que buscas el logro de un objetivo en el que ellos se verán beneficiados.** Si lo que perciben es que los tratas como a peones para tu partida de ajedrez, se sentirán utilizados. Pero si logras que todos sientan suya la partida, entonces se sabrán útiles —guardó un silencio estratégico al cabo del cual me preguntó—: ¿Puedes captar la enorme diferencia que existe entre sentirte útil y ser utilizado? Cuando sientan como suya la partida lo entregarán todo para obtener la victoria.

¿Puedes captar la diferencia? —insistió—. Porque es enorme; interesarte sinceramente por ellos e implicarles en alcanzar un objetivo común hará que se dejen la piel en la consecución del propósito. Pero si priorizas en tus logros y te olvidas de ellos, eso hará que no se sientan útiles, sino utilizados, y trabajarán con resentimiento. Podrás hacer que trabajen, sí, pero lo harán por obligación y no por convicción. Recuerda que vencer no es convencer. Tu posición ejecutiva te da una enorme ventaja sobre tus vendedores, y en una contienda empresarial seguramente los vencerás, pero, te lo repito, vencer no es convencer. Que ganes una discusión no implica que hayas ganado en la gestión. Un líder empresarial que humilla a su equipo perdió mucho más de lo que ganó. Se alzó con un efímero triunfo, pero a un precio muy elevado.

Se levantó Selah de la mesa y fue hasta el frigorífico.

—Ahora verás uno de los pocos caprichos que me permito en este asunto de la dieta —colocó en el centro de la mesa un pastel de inmejorable aspecto—. Tarta de queso con limón. Dulce en su justa medida y sobre todo, digestivo y delicioso...

—¿Cómo sabía usted que la tarta de queso con limón es mi postre preferido?

—No lo sabía, pero no me parece nada extraño. Come, necesitarás energía para llegar hasta el hotel, te aguarda una buena caminata. Pero antes déjame que te transmita la última de las sugerencias acerca de los cambios: **Estate preparado, porque implementar cambios siempre te reportará críticas.** Por cierto —replicó de pronto—, me dijiste que ya te tocó aplicar algunos cambios, ¿fuiste criticado cuando lo hiciste?

—Bastante, y no se imagina cómo escuecen las críticas —resoplé a la vez que sacudí mi mano en el aire para reforzar la sentencia.

—Me lo imagino; puedes estar seguro de que puedo comprenderte, pues yo mismo lo he experimentado.

Me extrañó ese comentario de Selah, pues no tenía constancia de que el músico hubiera tenido algún tipo de experiencia en liderazgo empresarial. No dije nada, no obstante, pues preferí seguir escuchando su sabia disertación.

—Siempre que intentes ajustar las velas de la nave recibirás críticas —pronosticó—; es normal que quien debe tomar veinte decisiones al día sea criticado por aquellos que solo toman una decisión cada veinte días. Recíbelas y acéptalas. Eso requiere humildad, y recuerda siempre que la humildad es una cualidad de todo buen líder. Ser humilde no es ser débil, porque la humildad no resta autoridad, sino que la confiere.

—Le creo, se lo aseguro, pero encajar los comentarios hirientes no me resulta fácil. Me quitan el sueño. Sé que tengo que aprender a convivir con las críticas, pero hasta ahora no lo he conseguido.

—¿Convivir con las críticas? —negó con la cabeza—. No estoy de acuerdo con ese postulado. No hay que convivir con las críticas, pues no son buenas compañeras de vida; más bien deben ser elementos que usemos para nuestro beneficio, y una vez rentabilizadas, lo mejor es echarlas de nosotros. ¿Cómo te lo explicaría? —reflexionó un momento—. ¡Como el chicle!

—¿Cómo dice? —su salida me dejó desconcertado.

—¡Sí! ¡Deberíamos usar las críticas como el chicle! Mascarlas para sacarles el sabor y luego echarlas de nosotros.

—Nunca lo había visto así —confesé—, pero creo que tiene toda la razón.

—¿Recuerdas las palabras de Viktor Frankl?

—Por supuesto —afirmé, y enseguida las pronuncié—. No podemos elegir lo que nos tocará enfrentar, pero sí podemos decidir con qué actitud vamos a enfrentarlo. Le aseguro que esa historia me ha impresionado lo suficiente como para no olvidar nunca la sentencia de ese héroe.

—Pues es lo mismo con la crítica —me dijo—. No podemos evitarla, pero sí podemos decidir qué hacer con ella y cómo reaccionar frente a ella.

Me miró con fijeza y puso su mano en mi antebrazo, como queriendo captar toda mi atención.

—Escúchame, debes ser tú quien categorice los juicios que los demás emitan sobre tu gestión —y explicó—: puedes darles la categoría de picadura de mosquito o de mordedura de serpiente venenosa…

Me pareció una metáfora muy adecuada y sonreí por su genial ocurrencia. Él también lo hizo y luego añadió:

—No dejes que la crítica te use manipulándote. Usa tú a la crítica rentabilizándola. No la deseches de inmediato. Tómala, ubícala bajo el microscopio de tu observación, extrae lo que tenga de positivo y luego arrójala al cubo de los desechos. No inviertas ni un segundo más del necesario en ellas. Si eres un águila, no gastes tu tiempo picoteando en el suelo con las gallinas. No tengas miedo a lo que los demás digan, siempre que dentro de ti estés convencido de que das el paso porque hay que darlo y con una motivación honesta, justa y orientada al bien general.

Selah se pasó la mano por la frente como si quisiera borrar una jaqueca. Descubrí entonces que estaba sudando, a pesar del aire fresco y húmedo de mar que entraba por el ventanuco. Comprendí que Selah precisaba descansar, así que me levanté para invitarlo a que se acostara. Escribí mi número de teléfono en un papel y se lo pasé.

—Selah, ayer olvidé darle mi número de teléfono y me costó dormir por el despiste. Llámeme para cualquier cosa que necesite. A cualquier hora, en cualquier momento. Llámeme, por favor.

—Lo haré —me aseguró mientras doblaba el papel y lo introducía en el bolsillo de su camisa.

Caía la tarde cuando regresaba al hotel. Hice el camino muy despacio; quería disfrutar de la deliciosa temperatura y quería, sobre todo, utilizar el trayecto para reflexionar en lo escuchado. ¡Cuánta sabiduría había vertido Selah sobre mí! Y cuán claros veía algunos errores que había cometido y que, sin duda, contribuyeron al desgaste de mis relaciones con el equipo de ventas y también al deterioro de mi equilibrio emocional.

Tal vez no tuviera la oportunidad de aplicar esos conocimientos en NLC, pero no tenía la menor duda de que quería aplicarlos a mi vida personal y a mis futuras relaciones.

Ya en el hotel busqué mi cuaderno rojo, salí a la terraza y comencé a escribir. Seguí reflexionando en la sabiduría que Selah me había regalado ese día.

Mientras escribía, percibí una inquietud que nacía en mí y paulatinamente fue adquiriendo el peso de preocupación: ¿estaba gravemente enfermo Selah? No era normal que hubiera faltado a su cita en la plaza. Además, su gesto denotaba cansancio, y su forma de moverse evidenciaba una total ausencia de energía. Sin embargo, desde su debilidad no dejó de transmitirme coraje, energía y fortaleza.

Volví a concentrarme en el papel, y mi bolígrafo de tinta roja fue trazando nuevas líneas sobre las hojas cuadriculadas:

El Cuaderno Rojo de Luis

Quinto Día

Hoy aprendí que:

+ Las tres A del cambio son:

    1. Aceptación. Reconozco que los cambios son imprescindibles e inexorables.

    2. Asimilación. Interiorizar que el cambio al que me veo abocado no es una tragedia, sino una bendición.

    3. Adaptación. Adapto mi vida y entorno a medida que adopto el cambio.

+ La capacidad de un líder se mide también por la forma en que incorpora y gestiona esos cambios. La urgencia y la impaciencia son un claro síntoma de inmadurez.

+ Solo los aviones de combate dan giros bruscos. No seré líder de guerra, sino de paz y de vida.

+ Recordaré siempre que vencer no es convencer. Que gane una discusión no implica que haya ganado en la gestión.

+ Siempre que intente ajustar las velas de la nave recibiré críticas. Es normal que quien debe tomar veinte decisiones al día sea criticado por aquellos que solo toman una decisión cada veinte días.

+

+

◆ No debo dejar que la crítica me use manipulándome; usaré yo a la crítica rentabilizándola: haré con ella como con el chicle, extraeré el sabor y luego la echaré de mí.

Principios Esenciales para Implementar Cambios:

*S*é consciente de que los cambios son imprescindibles.

*E*s esencial aplicarlos con mesura y prudencia. La precipitación es un enemigo acérrimo de la excelencia.

*L*a clave para no precipitar los cambios se encuentra en que las personas nos importen más que los objetivos.

*A*sume que implementar cambios siempre te reportará críticas.

*H*umildad no resta autoridad, sino que la confiere.

15

La tormenta perfecta

*Hay noches en que todo son preguntas, pero
amanece el día en que llegan las respuestas.*

- J. L. Navajo

El día anterior fue tan intenso, que hoy decidí pasar la mañana en una tumbona frente a la enorme piscina del hotel y leyendo el clásico escrito por Clayton Christensen *"El dilema del innovador"*, un buen libro que, precisamente, explora en los sabios consejos que Selah me había impartido en el faro.

Como el calor arreciaba, tras consumir veinte nutritivas páginas me di un chapuzón. El abrazo del agua fresca me supo a gloria, por lo que estuve un rato nadando, luego me dirigí al bar semisumergido en la piscina y pedí una piña colada. No resultó muy auténtica, pero no me importó. Entendí que el sur de España no es el Caribe y, de todas maneras, la placidez de la situación rebajaba la dosis de exigencia.

Fue al segundo sorbo cuando la memoria gustativa me gastó una mala pasada. Dicen que la memoria más poderosa es la olfativa y después la gustativa; son mucho más persistentes que la visual y la auditiva. Olvidamos las caras y también las palabras, pero los olores y los sabores se graban de manera obcecada en el disco duro de la mente. Al saborear esa piña colada la memoria me trasladó a aquella tarde, diez años atrás, cuando María y yo degustábamos, ambos de la misma copa, una piña colada. Los dos en la misma tumbona, ella recostada sobre mí, con la cabeza descansando en mi torso. Sorbo a sorbo, y entre ellos dulces besos… Era nuestra luna de miel. En aquel tiempo pasábamos juntos muchas horas y al final del día la batería del móvil estaba casi intacta; todo lo que nos interesaba leer y escuchar estaba escrito en las pupilas del otro y brotaba por el cauce de su boca.

¿Qué ocurrió en el camino? ¿Cuándo fue que el teléfono empezó a robar espacio en nuestras citas? ¿Dónde y por qué se había distraído el amor?

No fue culpa de otra mujer, ni intervino tampoco otro hombre en nuestra ruptura… No fue esa la causa de la separación. Una frase leída, o tal vez oída, resonó en mi conciencia: *La mayoría de las relaciones que mueren no es a causa de un alud que las tapa, sino por un lento proceso de congelación.* Eso es lo que había ocurrido: el desamparo al que la sometí y mi indiferencia habían congelado nuestro amor.

Volví a beber apoyado en la barra húmeda, pero dejó de gustarme la piña colada, por lo que abandoné el vaso, nadé lentamente hacia la orilla y regresé a la hamaca, ya sin ganas de leer. Cerré mis ojos, meditando. El último cruce de *WhatsApp* con María había resultado alentador, pero ella no había vuelto a dar señales de vida y yo no me atreví a perseguirla. No quería dañarla de nuevo, la amaba demasiado, pero a la vez amaba en exceso mi vida y mi profesión, y me pareció que ambos amores no eran compatibles. No, no podía provocar un reencuentro que de nuevo fuese a terminar en desencuentro.

Pasear siempre me fue útil, tanto para reflexionar como para combatir mis ataques de melancolía, y como en esta ocasión necesitaba ambas cosas, salí a caminar sin rumbo fijo, pero mis pies me condujeron hacia la larga pendiente que desemboca en el faro. Apenas hube enfilado esa cuesta cuando, contra todo pronóstico, el clima decidió aliarse con mi estado de ánimo y el cielo se oscureció por momentos. Primero fue una nube que ocultó el sol, pero paulatinamente se convirtió en un mar de nubes que cubrió el cielo. El intenso calor de los últimos días culminó en una intensa tormenta de verano. El día se tornó en noche, fortísimas ráfagas de viento se dejaron sentir y el cielo, ya negro, se vio surcado por una interminable sucesión de relámpagos, como si un pintor desquiciado estuviese rayando el lienzo oscuro con un rotulador de plata. Tras cada relámpago, el firmamento rugía en un trueno estremecedor.

Cuando se desató la lluvia, corrí como si en ello me fuese la vida (y en algún sentido me iba), pero no me apresuré hacia el hotel, sino en dirección a una pequeña ermita que hay frente al faro. Me guarecí en el soportal del diminuto templo y desde allí, a salvo de la lluvia, observé la imponente torre del mar que se alzaba soberbia en medio de la oscuridad, desafiando a la tormenta e hincándose en la panza negra del cielo.

Recordé las palabras de Selah: *lo más estremecedor aquí son las tormentas. Al estar aislado y tan alto, la cúpula atrae a los rayos. Es aterrador el sonido aquí adentro cuando cae un rayo...* Por un momento pensé en subir a hacer compañía a Selah, pero mi pésimo estado de ánimo no me convertía en una buena compañía, así que seguí guarecido esperando que pasase la tormenta.

De pronto, un fulgor atrajo mi atención. Pensé que se trataba de otro relámpago, pero la luminosidad se prolongó y pude ver encendida la lámpara del faro. Sobre el haz de luz destacaba la incesante cortina de agua que caía, como si alguien vertiese cántaros de agua desde las nubes. Estaba absorto en la imagen cuando un movimiento atrajo mi atención: ¡alguien acababa de salir del faro y corría bajo la lluvia en dirección opuesta al lugar donde yo estaba!

Lo que más me impresionó no fue ver una imagen humana surgiendo, ni la rapidez con que se perdió en medio del aguacero. Lo que me desconcertó es que quien corría alejándose no era un hombre. Su cabello largo y suelto, el atuendo, los ademanes inconfundibles... Todo denunciaba que una mujer acababa de salir del faro.

—Es extraño, ¿no te parece? —el sobresalto que me produjo aquella voz me hizo brincar. Allí, junto a mí, estaba Tomás. Tan sutil como de costumbre, se había ubicado a mi lado y acababa de darme un susto de muerte.

—¡Tomás! Casi me provoca un infarto —le reproché.

—Lo siento, hijo, no pretendía asustarte —se disculpó—. Pero, no me digas que no es raro... ¿Quién será esa dama? ¿Cómo pudo entrar ahí?

—Vive ahí…

—¿Cómo? ¿Que esa mujer vive ahí? —Tomás no daba crédito a lo que oía.

—No —aclaré—, Selah vive ahí...

—¿Selah vive en el faro? —su gesto era una mueca de perplejidad.

—Así es —a continuación le expliqué mis conversaciones con Selah en la antigua casa del farero y concluí afirmando—, pero de quién pueda ser esa mujer que acaba de salir, no tengo la menor idea.

—Entonces es Selah quien enciende el faro —concluyó Tomás.

—No —aseguré—. Selah no tiene acceso a la lámpara. La entrada a la sala de la linterna está bloqueada.

Tomás me miró con la perplejidad cincelada en su rostro, y movió la cabeza de hombro a hombro en un mensaje de "no entiendo nada".

Había escampado y ambos descendimos en silencio a la aldea.

Con la caída de la tarde, mi decaimiento y yo acudimos a la Plaza de las Acacias. Ocupé mi mesa sintiéndome abatido. El saludo de Clara resultó reconfortante:

—¡Buenas noches, Luis! —me gustó que recordara mi nombre—. ¿Cómo ha pasado el día?

—Bueno, los tuve mejores —reconocí.

—Lo lamento —replicó, y sin perder la sonrisa añadió—, pero no hay nada que no se cure con un buen jugo de naranja como el que aquí servimos. Porque es eso lo que va a tomar, ¿verdad?

—Acertaste, Clara, cada día eres más eficiente.

—¡Marchando! —se alejó liberando una risa que me resultó terapéutica. Pero antes sugirió—: No olvide consultar la frase de hoy…

—¿Perdón? —no entendí qué quería decirme exactamente.

—La servilleta —señaló al dispensador que había sobre la mesa—. La frase de hoy, creo que le va a gustar.

Mientras se alejaba, percibí que dejaba a su paso una estela de alegría, y reflexioné que allí había una muchacha que trabajaba agotadoras jornadas de diez horas por un salario que seguramente no alcanzaría los mil euros mensuales. Sin embargo, lucía una sonrisa que parecía cincelada en el rostro, y aquí sentado había un ejecutivo con catorce soberbias pagas que completaban un sueldo anual de trescientos mil euros más incentivos y vacaciones pagadas en un hotel de cinco estrellas, pero que era incapaz de sonreír. Fue inevitable que el eco de la voz de mi padre resonara en mi conciencia recordando aquel momento en que, teniendo yo diez años de edad, les vi abrazarse a él y a mamá el día en que le despidieron de su trabajo y le interrogué sobre por qué se abrazaban en vez de llorar, si acababa de ocurrirles algo tan malo. Entonces él me dijo: "Recuérdalo siempre, hijo mío, no es más rico el que más tiene, sino el que menos necesita".

"Y recuerda esto también, hijo —añadió mamá—: la manera como tratas con los aparentes fracasos determinará cómo consigues el éxito".

¡Qué razón tenían ambos y cuánto los echaba de menos! Definitivamente, las palabras de unos padres que ya no están se anidan como tesoros en la razón, y ¡cuánto valor tienen en el corazón aquellas palabras que fueron dichas con amor!

16

Qué, cómo, cuándo y a quién: cuatro patas que sostienen la mesa del triunfo

Gente común ha logrado resultados poco comunes cuando supo elegir la meta idónea y rodearse de las personas adecuadas.

— J. L. Navajo

Tan ensimismado estaba y tan embebido en mis reflexiones, que no percibí la presencia de Selah hasta que sonaron las primeras notas musicales. Aunque no pude evitar un sentimiento de recelo al recordar la imagen de la mujer saliendo del faro, me alegré sobremanera de verlo, pues era señal de que se encontraba mejor de salud. Temí, sin embargo, que la música nostálgica del saxofón empeorase mi ataque de melancolía, pero ocurrió que, como si conociera mi estado de ánimo, Selah interpretó esa noche un jazz moderno, suave, alegre y contemporáneo que logró inyectarme optimismo y vitalidad.

Su concierto fue breve, seguramente por su delicado estado de salud. Pronto hizo a un lado el instrumento musical, y comenzó una interesante disertación:

—Hoy quiero hablaros del sembrador más inepto de la historia —con tal introducción no fue extraño que se ganase de inmediato nuestra atención—. Este labriego adquirió la mejor semilla, que por su escasez tenía un precio elevadísimo, pero como le garantizaron una cosecha excelente, el hombre dio por bien invertido el dinero. Decidido a triunfar, gastó lo que le quedaba en comprar los mejores aperos de labranza y marcó en su calendario el día exacto en que madrugaría para sembrar. Pero ocurrió que problemas de diversa índole hicieron que, el día señalado, el hortelano amaneciera con la mente dispersa y totalmente desenfocado. Tan distraído estaba que esparció la semilla sin orden ni concierto, y una buena parte fue a parar al camino que circundaba el huerto, siendo pisada por los viandantes y devorada por las aves. Puro derroche de dinero, tiempo y energía. Otra parte de la simiente cayó entre los restos del muro semidestruido que protegía la parte oriental del campo de cultivo. En este caso, la semilla logró germinar entre las piedras, pero no había profundidad de tierra suficiente, por lo que el sol mató a la planta antes de que llegara a producir. Tampoco había reparado el hortelano en que un sector del campo no estaba limpio: espinos y malas hierbas no habían sido arrancados. La semilla intentó abrirse paso, pero la incipiente planta murió ahogada por los matorrales. Así que solamente un tercio de la cotizadísima semilla cayó en lugar propicio, y allí la cosecha fue abundante.

Nos miró con gesto escrutador antes de preguntarnos:

—¿Os imagináis? Aquel labriego desperdició tres cuartas partes de su inversión. Disponía de lo mejor, pero no supo emplearlo.

Hizo un breve silencio como permitiendo que la historia se asentara en nuestras mentes, y luego añadió:

—En esta historia, el huerto es la sociedad y el hortelano nos representa a cualquiera de nosotros. La semilla es lo que nosotros y nuestras compañías ofrecemos al mundo: recursos, servicios, productos —recorrió la plaza con la mirada. Quería estar seguro de que le seguíamos—. La clave del éxito no radica únicamente en tener lo mejor, sino en saber dispensarlo. El sembrador reunía todas las condiciones para el triunfo, pero falló al elegir tiempo y lugar. Inició el trabajo en un momento erróneo, cuando su mente estaba distraída, y por ello arrojó la semilla en el lugar equivocado.

La fatiga en Selah era evidente. Observé que Clara le acercó una silla y un vaso de agua, y le refirió algunas palabras al oído, seguramente una invitación a retirarse y descansar, porque vi que aceptó sentarse y tomó el agua con agrado, pero negó levemente con la cabeza a la sugerencia de la chica.

Tras beber un par de sorbos devolvió el vaso de agua a Clara y retomó su discurso:

—El éxito no es privilegio de unos pocos, sino recompensa de quienes con plena conciencia deciden adquirirlo. Existir es un regalo de Dios, pero el triunfo es uno de los artículos más caros en el bazar de la vida. Uno de los hombres más exitosos de la historia fue, sin duda, Thomas Alva Edison. Todos sus inventos eran patentados y explotados de inmediato, y no tardaban en comenzar a dar beneficios, pero la principal cualidad de Edison no era la creatividad, sino el esfuerzo. Thomas era un trabajador incansable. Él solía decir: *El éxito consiste en trabajar con firmeza. El genio es un diez por ciento de inspiración y un noventa por ciento de transpiración.*

—Disculpe, Selah —la voz, juvenil y femenina, provino de una mesa próxima a la mía—. ¿Quiere decir que si trabajo duro tendré garantizado el éxito?

La espontánea pregunta despertó la sonrisa de Selah, quien respondió con admirable paciencia:

—Lo que quiero decir es que si no estás dispuesta a esforzarte, tienes garantizado no alcanzarlo. El denuedo y sacrificio son necesarios, pero hay otros ingredientes en la receta del triunfo: me refiero a cuatro preguntas cuyas respuestas condicionarán totalmente los resultados de cada esfuerzo que emprendamos. Yo las llamo las cuatro patas de la mesa del triunfo. Esas preguntas son:

¿Qué haré? Debo concentrarme en una acción determinada; un plan concreto y estudiado. Jeff Weiner, director ejecutivo de Linkedin, y quien jugó un papel fundamental en la adquisición de esta empresa por *Microsoft* por un importe de veintiséis mil millones de dólares en junio de 2016, dijo en una ocasión: *La priorización suena como algo simple, pero la priorización real comienza con una pregunta muy difícil de responder: Si pudiera hacer solo una cosa, ¿qué haría?* Elegir qué debo hacer es el principio del éxito. Se trata de definir un propósito y marcarme un objetivo. Para decidir por uno tendré que desechar otros, porque el secreto de la concentración está en la eliminación. Para "acercarme a" debo "alejarme de". Hacer lo que debo hacer implica dejar de hacer otras cosas —hizo en este punto un silencio estratégico que logró incrementar la atención que todos le dispensábamos. Enseguida añadió—: galopar a lomos de demasiados caballos y sostener muchas riendas solo logra que los potros se desboquen. Para eso existe el NO, y saber usarlo es una necesidad inexcusable, porque implicarme en todas las guerras no me convertirá en héroe, sino que puede convertirme en cadáver. *El arte del liderazgo es saber decir no* —afirmó Tony Blair, exprimer ministro del Reino Unido—. *Es muy fácil decir sí.* Cuando le pidieron que aclarara un poco más esa idea, Blair explicó que lo que distingue a un líder de alguien que no lo es, es su capacidad de saber decir "no" cuando eso es necesario, y remachó la tesis con las siguientes palabras: *A muchas personas les resulta casi imposible decir que no, ya que se sienten incómodas o incluso culpables. Decir que sí a todo es sinónimo de hacer cosas que no puedes, no quieres o no debes hacer. Esto desenfoca, hace que perdamos las prioridades e imposibilita que cumplamos con nuestras responsabilidades.*

Buscó a Clara con la mirada, y esta interpretó enseguida que necesitaba beber agua. Con suma agilidad aproximó una mesa a la silla que ocupaba el anciano. Sobre la mesa colocó una botella de agua, no sin antes verter parte de ella en un vaso que entregó a Selah. Agradeció el músico con una sonrisa, y tras beber, reanudó su discurso.

—La segunda pregunta es **¿Cómo lo haré?** Una vez decidida la acción, lo segundo es determinar cómo lo haré. Esta pregunta apunta a la calidad del trabajo que despliego y a la idoneidad de los recursos que emplearé. Consigue las mejores herramientas que puedas —las siguientes palabras las enfatizó con energía—: Adquirir el mejor instrumental, las ideas mejores y las mejores personas para el logro de tu verdadero objetivo en la vida, nunca será un gasto; siempre será una sabia inversión.

¿Cuándo lo haré? es la tercera pregunta. Es vital elegir la oportunidad, el tiempo idóneo para ejecutar el proyecto. Un golpe dado a tiempo es más eficaz que cien dados con ansiedad prematura. Es esencial encontrar el momento estratégico para ejecutar la acción, y eso implica invertir tiempo en planear. Quien falla en planear está planeando fallar. Imaginaos que un hombre decide construir una edificación majestuosa. Se motiva de tal modo con la idea, que sueña con ella y decide comenzar el proyecto. Pero ocurre que cuando lleva a medias el proyecto se queda sin recursos económicos. *¿Surgieron imprevistos que encarecieron la obra?* Le pregunta un amigo. *No —responde él—. En realidad nunca supe lo que me costaría levantar el edificio. No hice cálculos de lo que suponía esta inversión.* Imaginaos también que un rey decide implicarse en una guerra y no reúne a sus consejeros para analizar el potencial humano y militar del contrincante. Se involucra en el conflicto bélico sin saber la capacidad del ejército enemigo. Es ilógico, ¿no es cierto? Del mismo modo que resulta ridículo pensar que alguien entre a edificar sin planear todos los detalles, o se enrede en un conflicto militar sin conocer al enemigo, preparar el lanzamiento de un proyecto sin planificar puede resultar desastroso.

Tomó un sorbo de agua, recorrió la plaza con la mirada y luego añadió:

—**¿A quién?** Esta es la cuarta pregunta. Si las anteriores son importantes, esta es vital. Si quieres dar en el blanco, la premisa más elemental es apuntar a la diana adecuada. La palabra en inglés "target" no es otra cosa que "objetivo", y cuando lo aplicamos al mercadeo, se refiere al público que es el objetivo de nuestras acciones. ¿Cuál es el receptor idóneo de nuestros servicios? ¿A quién pretendo alcanzar? ¿A quién nos dirigimos? ¿Cuáles son sus gustos, sus costumbres? ¿Dónde están?

Ya tengo la semilla y todo el instrumental para sembrarla, pero ¿cuál será el terreno adecuado? El que apunta a mil dianas siempre falla. Todos tenemos perlas exclusivas, pero si arrojo perlas a los cerdos las despreciarán, pues su capacidad para cotizar acertadamente se queda en las algarrobas. Sin embargo, que alguien rechace lo que tengo no significa que no tenga un tesoro; solo significa que elegí el destinatario equivocado. Muchos se frustran cuando alguien los rechaza o desprecia su producto, y comienzan a subestimarse. Si hubieran ofrecido su talento a la persona adecuada, ya estarían volando en alturas sublimes. Eres una joya, valiosa y única, y como tal, solo puede tasarte un experto. No es lo que tienes, sino en dónde lo inviertes. Dedica el tiempo necesario a elegir la diana, y no malgastarás la munición. Escoge bien la tierra y rentabilizarás tu semilla.

Inspiró Selah, como si en el discurso hubiese agotado las reservas de sus pulmones. Bebió agua y entonces remachó:

—Qué, cómo, cuándo y a quién. Si respondemos acertadamente estas preguntas, entonces habrá cosecha abundante.

Clara trajo mi jugo de naranja recién exprimido.

—Discúlpeme por la demora, Luis —se excusó—, pero estuve pendiente de Selah. Lo vi tan débil…

—No te preocupes —le dije—. ¿Crees que es algo serio lo que le ocurre?

—Me temo que no está bien —repuso la chica mirando al músico con gesto preocupado—. Lo recuerdo de años anteriores y no es ni la sombra de lo que era. Lo noto muy cansado y me temo que también enfermo.

—Pero, ¿no te parece admirable? A pesar de su agotamiento sigue repartiendo su sabiduría con quienes queremos escucharlo…

—Desde luego que es admirable —asintió con la cabeza y esbozó una sonrisa—. Nunca conocí a un hombre tan sabio y a la vez tan sencillo.

—Extraordinariamente sencillo y sencillamente extraordinario —repuse.

—¡Buena frase! —replicó—. Y hablando de frases, ¿aún no ha mirado la que hoy está impresa en la servilleta?

—¡Discúlpame! —le dije extrayendo una del dispensador—. Hoy estoy demasiado distraído —desplegué el papel y leí en voz alta—. *El auténtico triunfo no radica en vender aquello que produzco, sino en saber qué debo producir.*

—¿Qué le parece? —interrogó Clara.

—Me parece el broche perfecto para el discurso que hemos oído hoy —afirmé emocionado por la evidente conexión entre lo que acababa de leer y lo que había escuchado—. ¡Cualquiera diría que Selah escribió esta frase ahora mismo!

—De vez en cuando nos llevamos estas sorpresas —sonrió Clara—. Uno diría que en torno a Selah todo se conecta y se sincroniza a la perfección.

La plaza fue quedándose vacía, pero me mantuve un rato más disfrutando de la cálida noche, saboreando lentamente el jugo de naranja y reflexionando en lo escuchado.

¡Tanta sabiduría!

Había traído conmigo el cuaderno rojo, y como no quería perder ni una gota del néctar que hoy Selah había destilado, lo abrí sobre la mesa y comencé a redactar:

El Cuaderno Rojo de Luis

Sexto Día

Hoy aprendí que:

* La manera como tratas con los aparentes fracasos determinará cómo consigues el éxito.

* El éxito no es privilegio de unos pocos, sino la recompensa de quienes con plena conciencia deciden adquirirlo. Existir es un regalo, pero el triunfo es uno de los artículos más caros en el bazar de la vida.

* Saber decir NO es una necesidad inexcusable, porque implicarme en todas las guerras no me convierte en héroe, sino en cadáver.

* Decir que sí a todo es sinónimo de hacer cosas que no puedes, no quieres o no debes hacer. Esto

desenfoca e imposibilita que cumplamos con nuestras responsabilidades.

* Maduras cuando descubres que vivir es elegir, y elegir es descartar.

* Adquirir el mejor instrumental, las ideas mejores y las mejores personas para el logro de tu verdadero objetivo en la vida nunca será un gasto, sino una sabia inversión.

* Un golpe dado a tiempo es más eficaz que cien dados con ansiedad prematura.

* Quien falla en planear está planeando fallar.

* El auténtico triunfo no radica en vender aquello que produzco, sino en saber qué debo producir.

* Que alguien rechace lo que tengo no significa que no tenga un tesoro; tan solo significa que elegí el destinatario equivocado.

* Soy una joya, valiosa y única, y como tal, solo puede tasarme un experto.

* La sencillez gana contratos porque capta, cautiva y enamora. Personas extraordinariamente sencillas son sencillamente extraordinarias.

Apuré el jugo de naranja y me recosté en el respaldo de la silla.

Cerré mis ojos, inspiré profundamente y reflexioné en que algo esencial había cambiado en mí en los últimos días. En mi interior percibía algo semejante a la paz. Había llegado a aquella aldea desecho interiormente, pero en esa aldea mi sistema nervioso se había descongestionado. Bien era cierto que seguía habiendo preocupaciones: de un lado mi incierto futuro en NLC, del otro María, la amaba, pero temía que ella a mí no...

Sin embargo, sobre esos oscuros nubarrones se dibujaba un arco iris de esperanza.

Volví a inspirar profundamente mientras abría los ojos. Una luna redonda y blanquísima convertía el cielo nocturno en una cúpula de luz, y trazaba un luminoso camino sobre la superficie del mar. Tras recrearme unos minutos en la escena, tomé de nuevo mi bolígrafo de tinta roja para volcar ideas sobre la superficie cuadriculada de papel:

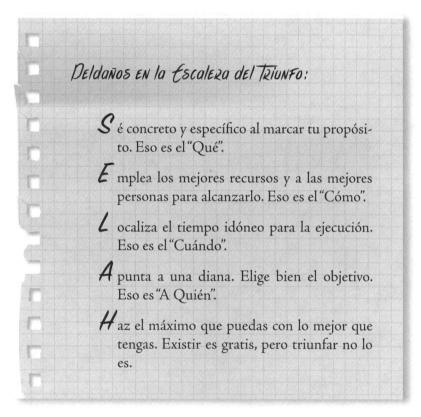

Peldaños en la Escalera del Triunfo:

S é concreto y específico al marcar tu propósito. Eso es el "Qué".

E mplea los mejores recursos y a las mejores personas para alcanzarlo. Eso es el "Cómo".

L ocaliza el tiempo idóneo para la ejecución. Eso es el "Cuándo".

A punta a una diana. Elige bien el objetivo. Eso es "A Quién".

H az el máximo que puedas con lo mejor que tengas. Existir es gratis, pero triunfar no lo es.

17

Lo que se busca se encuentra, lo que se descuida se pierde

A veces, el gran acierto de tu vida llega después del error de tu vida.

J. L. Navajo

Regresé al hotel caminando muy despacio. La tibia temperatura invitaba a la serenidad y a disfrutar del paseo; incluso me senté en un pequeño mirador para recrearme en la luminosidad de la luna reflejada sobre las quietas aguas del mar.

Seguramente fue el silencio que imperaba lo que me permitió escuchar a mi interior y sentir algo similar al crepitar de un incendio, que a lo largo de mi vida siempre me acompañó en los momentos previos a grandes cambios: cuando salté de la escuela a la universidad; al abandonar la soltería para iniciar un proyecto común con María; o cuando dejé mi puesto de gerente de ventas en una modesta empresa de comunicaciones para ocupar el flamante despacho de NLC... Un cosquilleo de emoción me embargaba ahora, aproximando aroma de cambios.

Las charlas de Selah y el encuentro que mantuve con él estaban prendiendo en mí algo que hacía tiempo se había apagado: una ilusión renovada, incluso deseos de retomar la actividad e implementar cambios que llevarían, tanto a la empresa como a mi propia vida, a otro nivel.

Las palabras con las que esa noche Selah concluyó su disertación fueron tan directas como inspiradoras: *Los líderes no nacen, se hacen. Y se hacen de la misma manera que todo lo demás: a través del trabajo duro.*

Aún antes de que Selah lo mencionara, supe que esa frase era de Vince Lombardi, estadounidense de origen italiano, deportista de élite y uno de los más reconocidos entrenadores de fútbol americano. Ese hombre, a pesar de su breve vida, logró inspirar a muchas generaciones. A los cincuenta y siete años sucumbió a un agresivo cáncer de colon, pero dejó miles de vidas marcadas de forma positiva y perenne. A él se atribuye también la frase: *El único lugar donde el éxito está antes que el trabajo es en el diccionario.* Me había quedado claro que el triunfo no era un obsequio del azar, sino, como había dicho Selah, el galardón de quien luchó por alcanzarlo.

Existir es gratis; triunfar conlleva un elevado precio.

Mis ojos estaban fijos en el camino de luz que la luna dibujaba sobre el agua, cuando de pronto observé que el mar refulgía.

¡Un haz de luz mucho más intenso que el que arrojaba la luna lo estaba iluminando! Como si una gigantesca linterna lo enfocase desde el espacio.

¡Era el faro!

La enorme lámpara hizo un recorrido completo y luego se apagó. Tomé asiento en un banco del paseo y me mantuve por quince minutos observando la vieja torre del mar, esperando que volviera a iluminarse, pero no lo hizo.

Eran las dos menos cuarto de la madrugada cuando retomé el camino al hotel, presa de una enorme excitación.

¿Qué anunciaba esa luz?

Me costó dormir, y cuando por fin sucumbí al cansancio, infinidad de imágenes poblaron mis sueños. Torres que lucían, jugadores de fútbol americano que se dejaban la piel en el terreno de juego, un jugo de naranja que al beberlo tenía el sabor salado de las lágrimas, y la última imagen me desmoronó: María me sonreía en la distancia, mi corazón galopaba a un ritmo alocado y yo corría hacia ella… hacia su sonrisa, pero cuando parecía que iba a alcanzarla se desplazaba más lejos, yo volvía a correr, pero nunca... nunca lograba alcanzarla. Finalmente caía al suelo, agotado. Benedetti fue el poeta de nuestro noviazgo y también estuvo muy presente en los primeros cinco años de matrimonio, los únicos que de verdad fueron felices. Ahora, aún en el sueño evoqué una de sus frases: *Se oyen pasos de alguien que no llega nunca.* Era yo quien no lograba llegar al lugar... a la sonrisa que amaba.

Me despertaron unos leves golpes en la puerta de la habitación. Era una camarera del hotel anunciando su entrada para arreglar la habitación. Miré el reloj que había sobre la mesita de noche y sus dígitos rojos me reprocharon que hubiera dormido hasta las once y diez minutos. La noche anterior no tomé la precaución de colocar en el pomo de la puerta el cartel de "no molesten". Nunca lo hacía porque jamás había dormido hasta tan tarde.

Antes de que yo fuera capaz de reaccionar, la camarera volvió a dar tres rápidos toques en la puerta, aguardó dos segundos y entró. Un vistazo a mi rostro fue suficiente para que la mujer, muy azorada, pidiera disculpas cinco veces y saliera despavorida de la habitación.

Aturdido, me puse el albornoz y arrastré los pies hasta el baño. Al verme en el espejo comprendí el espanto de la muchacha que huyó del cuarto: mi aspecto era horrible, los ojos hinchados, el pelo como si una descarga eléctrica lo hubiese erizado, y un rictus, entre preocupado y amargado, ensombrecía mi gesto.

Coloqué una cápsula en la cafetera, y mientras el café se hacía salí al balcón y con la mirada busqué el faro. ¿Por qué había lucido la noche anterior? ¿Era el anuncio de algo que iba a ocurrir?

Muerte o vida, había dicho Tomás, *su luz anuncia una de esas dos cosas, y solo el tiempo disipa la duda.*

Degusté el café sentado en la terraza, y al segundo sorbo comencé a percibir que la cafeína actuaba en mi sistema nervioso central despejándome un poco. María... Pensé en ella mientras mantenía la taza en el aire. Cada vez estaba más convencido de que la necesitaba. Siempre fue mi asidero en los tiempos duros y su ausencia hacía que ahora estuviese a la deriva.

Bajo la ducha activé el rociador para que el agua saliese con la máxima presión, y dejé que durante los siguientes cinco minutos aquellos chorros, como afiladas agujas, masajearan mi cabeza, hombros y espalda. Sintiéndome mucho mejor, salí a pasear con la esperanza de encontrar a Tomás y preguntarle si él también había visto la luz la noche anterior.

No fui consciente de hacia dónde caminaba hasta que me vi al pie del faro. Allí estuve largo tiempo, simplemente contemplándolo.

—Estoy tan inquieto como usted —la voz me sobresaltó. Al girarme lo vi.

—¡Tomás! ¿Por dónde llega que nunca lo veo?

—No puedo evitarlo, estoy inquieto —el anciano ignoró mi pregunta y pude apreciar que de verdad estaba preocupado.

—¿Qué le hace estar tan inquieto, Tomás?

—Tres veces ha lucido en los últimos días —señaló a la linterna del faro—. Hace años que esa lámpara no se enciende en noches sucesivas como está ocurriendo este verano. Algo se está fraguando, y sospecho que no es algo menor.

—Entonces, ¿también lo vio usted anoche?

—Por supuesto que lo vi. A decir verdad, últimamente se me hace difícil apartar la mirada de la vieja torre del mar.

—Dígame, desde que este faro está inhabilitado…

—Treinta años hace que dejó de estar en servicio —me interrumpió para informarme—. Fue cuando se inauguró el nuevo, mucho más moderno y automatizado que está en el Cabo de Palos, a quince minutos de aquí.

—¿A usted le consta que desde ese momento el faro haya lucido alguna vez durante varias noches seguidas?

—En una ocasión durante una semana —afirmó—. Siete noches consecutivas, y en la octava *Paz Del Mar* naufragó.

—¿Cómo dice?

—*Paz Del Mar* —repitió—. Un pesquero de arrastre de doce metros de eslora naufragó a solo cinco millas de esta costa. Se dio la circunstancia de que ese día el barco había doblado su tripulación y doce vidas estuvieron a punto de ser tragadas por el mar; por fortuna… —negó enseguida con la cabeza y corrigió— no, no se trató de fortuna; gracias a que muchos aguardaban expectantes la insólita luz del faro, pudieron ver las bengalas de auxilio que dispararon desde el pesquero. Todos fueron rescatados con vida. La luz que el cielo envió —señaló hacia la cúpula del faro— convirtió una muerte segura en un rescate milagroso.

El anciano se recostó en el dique de piedra que protegía de la caída al acantilado. Yo me senté sobre el mismo muro y estuvimos así por espacio de unos minutos, ambos embebidos en nuestros pensamientos.

Sin apenas ser consciente, comencé a redactar un texto en la aplicación *WhatsApp* de mi teléfono: *Te amo, lo leas hoy o lo leas mañana, eso no cambiará lo que siento por ti.* Concluida la frase de Mario Benedetti, la misma con la que declaré mi amor a María el día en que le pedí que se casara conmigo, lancé el mensaje y sentí que tras el mensaje voló mi corazón… ambas cosas hacia ella. ¿La alcanzarían, o pasaría como en mi sueño, que nunca logré llegar a su sonrisa?

Tomás se incorporó y ambos retomamos el camino hacia el pueblo, alejándonos de la vieja y misteriosa torre del mar. A ninguno de los dos se nos ocurrió mirar si la puerta del faro estaba abierta. De haberlo hecho, habríamos comprobado que la gastada hoja de madera solo estaba entornada y tal vez nos habríamos aventurado a subir las escaleras para encontrar la terrible sorpresa que allí aguardaba.

18

El día que dejes de aprender dejarás de crecer

El único error real es aquel del que no se aprende nada.

JOHN POWELL

La voz corrió como la pólvora, y a media tarde todos sabíamos que Selah había sido encontrado inconsciente en el faro.

Su corazón había fallado justo en el momento en que Tomás y yo estábamos conversando a quince metros de él. Al conocer la noticia, sentí que un peso equivalente al de todo el mundo caía sobre mí.

Gracias a Dios que el farmacéutico, extrañado de que el músico no acudiese por la medicina que le había encargado, fue a llevársela cuando cerró la tienda a la hora del almuerzo. Encontró a Selah desvanecido en el último peldaño de la escalera, justo delante de la entrada a la casa del farero. Todo hacía pensar que se sintió indispuesto y quiso salir en busca de ayuda, pero no logró descender ni un solo escalón. Estaba al borde de las escaleras; fue milagroso que no se precipitara escaleras abajo. El farmacéutico logró encontrar pulso en el cuello de Selah y también en la muñeca. El latido era muy leve, pero había signos vitales, por lo que llamó rápidamente a una ambulancia. De haberse demorado un poco más, Selah habría muerto. Así y todo, su estado era crítico; se le asignó una cama en la UCI del Hospital Universitario Reina Sofía, el más próximo de la zona.

Esa noche la Plaza de las Acacias estaba demasiado silenciosa. Nunca pensé que un solo de saxofón pudiese henchir de ese modo la atmósfera y llenase tanto el alma, pero en su ausencia hoy ambas cosas parecían vacías.

Recordé una frase, no sé si oída o leída: *La ausencia es para la amistad como el viento para el fuego: extingue los pequeños y aviva los grandes.* Al calibrar la añoranza que me embargaba, comprendí la intensa amistad que se había fraguado en tan poco tiempo.

La noticia del percance de salud del músico se había extendido, por lo que la mayoría de mesas de la plaza estaban desocupadas sabiendo que esa noche no habría concierto ni reparto de sabiduría en forma de historias.

Aun la sonrisa de Clara cuando se aproximó con el jugo de naranja se escurría triste de sus labios. En el primer sorbo pude constatar que el sueño que recientemente tuve, o que a mí me tuvo, fue una premonición: el jugo tenía el sabor salado de las lágrimas, porque una, redonda y grande como goterón de lluvia, se había deslizado por mi rostro para precipitarse en el vaso. Desde el tsunami emocional que había vivido, mi sistema nervioso estaba alterado y cualquier cosa me quebraba en llanto, como ahora mismo el recuerdo de Selah.

Llegó Tomás, como siempre sin que yo lo oyera, y tomó asiento a mi lado. No pidió permiso, ni lo necesitaba tampoco.

—Ha sorteado crisis grandes y esta también la gestionará con sabiduría.

Supe que hablaba de Selah aunque no lo nombró. No había otra cosa de que hablar… Esa noche no.

—¿Lo conoce?

—Desde hace años —afirmó—. Aunque solo en su aspecto profesional. Fue un empresario de éxito que cuando ganó todo, decidió repartirlo.

—¿Cómo dice?

—Reflotó diez empresas moribundas —me explicó—. Tomó su timón y capitaneó las naves hasta mares en calma. Condujo esas compañías desde las pérdidas hasta que dieron jugosas ganancias —Tomás seguía añadiendo detalles a la prodigiosa historia de Selah—. Convirtió verdaderas ruinas en obras de arte. Hizo surgir tesoros de lo que antes eran cenizas, y luego lo repartió.

—¿Qué quiere decir con que lo repartió?

—Pues simplemente eso —alzó ambas manos con las palmas hacia arriba—. Lo repartió: donó todos los beneficios a causas benéficas. Muchos indigentes de este pueblo y alrededores supieron lo que es comer caliente gracias a él. Te confieso que me quedé asombrado cuando me dijiste que Selah se aloja en el faro, pero ¿sabes por qué el ayuntamiento se lo permite?, porque es el lugar que él pidió para alojarse, y aquí los deseos de Selah son órdenes.

—Pero —había algunas circunstancias que no lograba entender—, estando como está, delicado de salud, Selah podía haber pedido una habitación en el hotel donde yo estoy.

—Y el ayuntamiento, gustosamente, le habría sufragado la estancia en la suite real —aseguró Tomás—. Sin embargo, cuando logré asimilar la noticia que me diste, pude ver que no era extraño que eligiese la casa del farero; por lo que conozco de él, sé que su preferencia no es la suite de un gran hotel. Sospecho que prefiere el faro porque desde esa altura se siente cerca del cielo y puede otear la tierra a la que ama y busca ayudar — Tomás se mesó la barbilla y reflexionó, y como si de pronto le estuviera llegando una idea, enseguida exclamó—: ¡Ahora entiendo!

—¿Qué entiende? —quise saber.

—Noches atrás me pareció ver la silueta de un hombre en el balcón del faro. Lo achaqué a una ilusión óptica facilitada por mi vista cansada, pero ahora veo que no fue ilusión. Selah estaba asomado al balcón, mirando hacia la aldea a la que tanto ha ayudado —asintió lentamente con la cabeza al concluir—. Ese es Selah: con el corazón en el cielo y los pies en la tierra.

—Una posición equilibrada y sana —repuse.

—La máxima que imperó en su vida —se dio cuenta de que había hablado en pasado, pero Selah vivía, por eso rectificó—, la máxima que rige su vida es: Gana todo lo que puedas; ahorra todo lo que puedas; da todo lo que puedas. Haz todo el bien que puedas por todos los medios que puedas, de todas las maneras que puedas en todos los lugares que puedas, en cualquier tiempo que puedas, a todas las personas que puedas, y tanto como tú puedas.

—Es decir, que hizo suya la máxima de John Wesley —recordé que la frase citada por Tomás nos la repitió con frecuencia mi madre, una ferviente cristiana que intentó inculcar buenos principios a sus cinco hijos—. Es admirable…

—Lo es, desde luego que lo es —Tomás asintió con la cabeza al afirmar—. Ahora Selah no pide más que melodías para su saxo y la oportunidad de enseñar a otros lo que a él le salvó.

Pero había un detalle que no me encajaba en esa hermosa historia.

—¿Por qué dejó el mundo empresarial si ganando dinero podía ayudar a más personas? No acabo de comprender que abandonase los negocios; eran una gran fuente de recursos que luego podía desviar a fines benéficos y altruistas. Dígame —insistí—: ¿Por qué piensa que Selah se retiró del mundo empresarial?

—Ahí me has pillado, créeme, yo mismo me hice esa pregunta muchas veces. Ojalá en algún momento pueda contárnoslo él.

Di las gracias a Tomás y regresé al hotel. Era más temprano que otras noches, así que salí al balcón a compartir la noche con la tibia temperatura. La historia de Selah me había impactado. Un hombre que sostuvo las riendas de grandes corporaciones y ahora era feliz sosteniendo un saxo. Su grandeza no se desprendía de la posición que ocupaba, sino que era inherente a su persona. Era feliz haciendo lo que hacía, pero no radicaba su felicidad en la posición que ocupaba… Simplemente la llevaba dentro.

Pensé en mí; en mi presente y mi futuro. ¿Qué peligros se cernían en mi horizonte? Estaba la posibilidad de perder mi puesto de trabajo, abandonar mi lujoso despacho y ver malogrado mi ámbito de influencia sobre un competente equipo de gerentes.

¿Acabaría eso conmigo?

Saqué mi cuaderno rojo con la intención de revisar las anotaciones que hasta ese momento había escrito. Pero sin apenas darme cuenta comencé a añadir reflexiones al cuaderno. No fue algo calculado. Simplemente seguí meditando en Selah, en la influencia que había ejercido sobre mi vida, en la manera como había omitido dar datos sobre su esplendoroso pasado profesional, en la forma como había tapado sus medallas y cubierto sus galones… Mi mano comenzó a deslizarse sobre la hoja cuadriculada dejando un reguero de letras de color rojo carmesí:

El Cuaderno Rojo de Luis

Séptimo Día
Hoy aprendí que:

- La verdadera grandeza no se contabiliza en números, sino en influencia.

- Grande no es el que tiene muchos sirvientes, sino quien es capaz de servir a muchos.

- Medir la importancia de una persona por su patrimonio es como determinar el valor de alguien por su estatura. No es lo que tengo lo que me hace grande, sino lo que soy capaz de dar.

- Éxito no es qué tengo mientras vivo, sino qué quedará tras de mí cuando ya no esté. Influencia es dejar una huella impresa que perdure cuando mi pie ya no pise.

La imagen de Selah seguía meciéndose en la superficie de mi conciencia y mi mano flotaba sobre las páginas del cuaderno rojo:

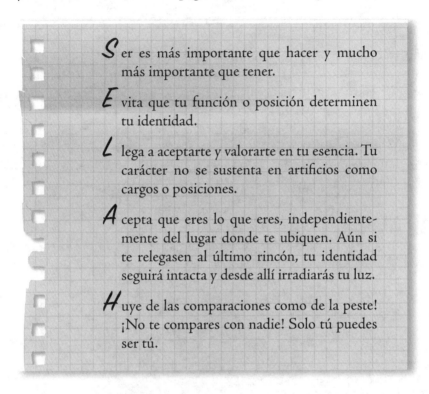

S er es más importante que hacer y mucho más importante que tener.

E vita que tu función o posición determinen tu identidad.

L lega a aceptarte y valorarte en tu esencia. Tu carácter no se sustenta en artificios como cargos o posiciones.

A cepta que eres lo que eres, independientemente del lugar donde te ubiquen. Aún si te relegasen al último rincón, tu identidad seguirá intacta y desde allí irradiarás tu luz.

H uye de las comparaciones como de la peste! ¡No te compares con nadie! Solo tú puedes ser tú.

En ese momento, la vibración del teléfono en el bolsillo de mi camisa anunció la entrada de un mensaje.

Me impresionó la inmediatez con que al leerlo, se anegaron mis ojos.

Lloré a mares.

Tinta y lágrimas se mezclaron sobre el papel cuadriculado formando un pequeño océano rojo bermellón.

19

Sobreponte al fracaso, pero no dejes que tus triunfos te venzan

Los aciertos estimulan, los errores enseñan. Sabio es aquel capaz de convertir su peor error en el mejor maestro.

- J. L. Navajo

Mi estrategia es que un día cualquiera, no sé cómo ni con qué pretexto, por fin me necesites.

Esa frase de Benedetti relumbraba en la pantalla del teléfono cuando lo extraje del bolsillo.

¿El remitente?

¡María!

Fue el fulgor de esa sentencia lo que sacó lágrimas de mis ojos.

La oración en sí no debería haberme provocado tanto efecto, de no ser porque esa frase que relumbraba ocupando las 5,8 pulgadas de la pantalla súper retina de mi teléfono, fue la misma con la que declaré mi amor a María por primera vez.

Ocurrió catorce años atrás. Aquella mañana la vi sentada en la cafetería de la Escuela de Negocios y supe que hay ángeles en la tierra. No era la primera vez que reparaba en ella, pues compartíamos curso en el grado de Administración y Dirección de Empresas y, para ser honesto, desde el segundo uno llamó mi atención. Luego, pasando las semanas, percibí con deleite ciertos detalles que me alentaron a creer que también ella me miraba con calidez. Eso me dio valor para probar un acercamiento.

Si tuviera que resumir el proceso que María originó en mí, diría que el primer día me atrajo, al cabo de dos meses me cautivó, pero esa tarde, en la cafetería, me deslumbró.

Su rubia melena tocaba los hombros que el vestido, corte palabra de honor, dejaba al descubierto; un mechón de pelo tapaba en parte sus ojos, orientados hacia el cuaderno de notas que revisaba. El color rojo del vestido acentuaba el intenso brillo dorado de su cabello. Agradecí al cielo tener su número de teléfono gracias al grupo de *WhatsApp* de estudiantes de ADE; sin pensarlo dos veces redacté la frase de Benedetti y la envié. Luego esperé conteniendo la respiración mientras desde mi mesa, a diez metros de la suya, observaba.

Cuando María escuchó el aviso, extrajo el teléfono de su bolso. La luz que irradiaba la pantalla confería a su rostro un brillo misterioso que solo lograba realzar su belleza. Por el tiempo que demoró con sus ojos en el teléfono supe que estaba leyendo el mensaje varias veces. Por fin alzó la cabeza y con su mirada recorrió la cafetería buscando al osado remitente. Al verme me enfocó con aquellos ojos de tonalidad azul turquesa, como dos pedazos de mar. Supe, al mirarlos, que era en esas aguas donde quería zambullirme por el resto de mi vida.

No hubo hostilidad en su mirada, al contrario, vi en sus pupilas un brillo de complicidad. Agachó la cabeza, entre prudente y sofocada, y tecleó algo en su teléfono.

El tono de mi terminal obró como una inyección de adrenalina. Con el corazón disparado leí su respuesta… Que resultó ser una pregunta: *¿Sabe que usted es culpable de una de las crisis más importantes de mi vida? No quiero andar con rodeos, "creo que estoy enamorada de usted".*

¡Una frase también de Benedetti! Allí descubrí que a ambos nos unía la fascinación por el poeta uruguayo.

Alzó luego la mirada, nuestros ojos se encontraron… y ya no se separaron.

Y ahora ella, en el corazón mismo de nuestra crisis, acababa de enviarme la misma frase con que yo la cortejé. Por eso se anegaron mis ojos, y por eso respondí con la misma sentencia con que ella me alentó aquella mañana en la cafetería: *¿Sabe que usted es culpable de una de las crisis más importantes de mi vida? No quiero andar con rodeos, "creo que estoy enamorado de usted".*

Luego esperé.

De los dos siguientes días no guardo apenas recuerdos salvo que a mi teléfono no volvió a entrar ningún mensaje de María y que, sin Selah, las tardes en la Plaza de las Acacias se hacían largas e insípidas. Las noticias que llegaban de él eran confusas y muy diversas, pero ninguna de ellas optimista.

Clara, con su gesto alegre, intentaba arrojar algo de luz al sombrío panorama. Pero lo que se escurría de sus labios era un esfuerzo por sonreír, más que una sonrisa.

Hasta aquella tarde en que, sentado en la Plaza de las Acacias degustaba con pereza mi jugo de naranja y Tomás ocupó la silla libre junto a mí. Lo hizo como siempre, sin pedir permiso ni preguntar si importunaba, y sin previo aviso espetó:

—No logro olvidar la historia que nos contó aquella tarde…

—Buenas tardes también para usted —bromeé—. ¿A qué historia se refiere y quién se la contó?

—Selah —dijo—. Aquella tarde, la última del último verano en que lo vimos, dio un discurso brillante…

—Todos los discursos que le he escuchado me lo han parecido —apunté.

—Sí, desde luego —reconoció—, pero aquel relato me afectó de una manera muy directa. Hasta título le puso. Lo recuerdo como si lo estuviese escuchando ahora mismo: *No dejes que tus triunfos te venzan.*

—¡Buen título! —reconocí—. Solo con eso, uno ya presta atención a lo que siga.

—Y lo que siguió no tuvo desperdicio —aseguró Tomás—. La historia giraba en torno a dos hombres de características opuestas: un triunfador y un paria. Ambos solicitaron audiencia a un poderoso monarca que era reconocido en todo el mundo por dos cosas: la majestad que lo investía y la justicia con que gobernaba. El primero de los súbditos, apenas hubo entrado a la sala de audiencias, sin ni siquiera inclinarse ante el monarca comenzó a desgranar la dignidad que ostentaba...

—¿Quieres decir que el súbdito se puso a hablar ante el rey contando sus propios méritos? —pregunté incrédulo.

—Como lo oyes. Ese hombre se plantó ante el monarca y comenzó a mostrar sus medallas, exhibiendo las credenciales que portaba y detallando sus logros, triunfos y trofeos. En fin, tuvo la osadía de lucir sus galones ante el soberano.

—Me parece una temeridad —apunté.

—Lo fue; una auténtica temeridad —asintió Tomás—, porque tal sobredosis de soberbia irritó al monarca, que terminó de crisparse cuando el intrépido narcisista miró al otro súbdito que estaba allí cerca, con la cabeza inclinada y la boca cerrada, y dijo: "Agradezco a Dios no ser como ese. Yo tributo generosamente de todo lo que gano, ayudo a los pobres y mantengo una vida intachable".

Enfurecido, el rey le ordenó callar.

—¿A qué viniste? —lo interpeló muy enojado.

—A ponerme a tu servicio, majestad.

—¿A mi servicio? —rugió el monarca—. ¿Quieres ser mi siervo y ni siquiera te inclinaste al entrar? —señaló entonces al otro súbdito para reprochar al soberbio—: ¿Quieres ser mi siervo y menosprecias a mis súbditos más humildes? Desde que entraste no has cesado de sacar brillo a tus medallas. ¿Acaso pretendes impresionarme? ¿Luces tus galones ante mi corona? ¿Exhibes tu trono ante el mío? ¿Quién puede pretender brillar estando junto al sol? Amas demasiado el trono, y solo hay uno en este reino, que me corresponde a mí por legítimo derecho.

Aquel narcisista de ego desmesurado fue expulsado del palacio. Miró el rey al otro súbdito, quien seguía con la vista fija en el suelo.

—¿En qué puedo ayudarte? —le preguntó.

El hombre se postró ante el rey y a continuación, en un arranque de honestidad, reconoció sus faltas, aireó sus fracasos y no ocultó su miseria.

—Pero, ¿qué es lo que quieres? —quiso saber el monarca—. ¿Para qué pediste verme? ¿Qué favor buscas?

—Ninguno, señor, salvo el de ponerme al servicio de Su Majestad.

El rey percibió sinceridad en sus palabras y humildad en su porte. Su discurso no iba teñido con el barniz de la adulación, sino que era elogio sincero. No era su humildad metal sobredorado, sino oro genuino. Los fallos no le impedían servir y los fracasos no evitaron que deseara crecer.

Aquel súbdito fue adoptado como siervo, no solo en el reino, sino en el mismo palacio, por lo que desde aquel día tuvo acceso directo al majestuoso monarca.

El relato de Tomás me gustó y así se lo hice saber; luego le pregunté:

—¿Cuál era la moraleja que intentó transmitir Selah?

—Que el orgullo apesta, pero la humildad ejerce un magnetismo irresistible —recordó—. Insistió en que es posible morir de éxito, porque la soberbia nubla la visión y nos conduce al abismo. Nos apercibió de que era lícito y lógico saborear los triunfos, pero debíamos gestionarlos con sumo cuidado, porque el éxito tiene un alto componente etílico que se sube al cerebro, aturde y emborracha. Nos recordó sin tapujos que el orgullo cierra puertas, pero la humildad es una llave maestra que las abre casi todas. Y sobre todo advirtió Selah que la música del triunfo arrulla, aletarga y adormece. ¡Usad los éxitos como trampolín y no como sofá!, nos pidió encarecidamente.

Me gustó lo que contaba Tomás. Asintiendo, tomé mi copa de jugo de naranja; seguramente lo hice con demasiada fruición, pues un poco del zumo se vertió sobre la mesa. Tomé una servilleta para limpiarlo y al hacerlo reparé en la frase que llevaba impresa: *De la raíz del árbol aprendí que quien sostiene de verdad lo hace con humildad.*

—Mire —se lo mostré a Tomás—. ¿No le parece una llamativa coincidencia?

—Esa frase es de Selah —afirmó—. La usó ese mismo día y luego remachó el tema diciendo: *Me cautivan las personas que están a disposición sin buscar la exhibición.*

Medité largamente esa noche antes de dormir. La cita con mi libreta de hojas cuadriculadas era ineludible. Sentado en el mirador de la cafetería, apoyé la libreta en una de las originales mesas talladas en troncos de madera, sobre la cual destacaba grabada una de las frases de Selah, y escribí sobre mi cuaderno:

El Cuaderno Rojo de Luis

Octavo Día

Hoy aprendí que:

- Sobreponte a tus fracasos, pero no dejes que tus triunfos te venzan.

- Exhibir los logros propios hace que se empequeñezcan. Dejar que los demás los descubran los magnifican.

- El verdadero líder está a disposición sin buscar la exhibición.

- La música del triunfo arrulla, aletarga y adormece. Es vital escucharla con cuidado.

- El orgullo apesta, pero la humildad ejerce un magnetismo irresistible.

Meditaba en todo lo escuchado, intentando extraer conclusiones y concretar las enseñanzas. Quería fraccionarlas en cápsulas fáciles de ingerir. En ese proceso, mi mano siguió moviéndose sobre el papel, dejando un reguero de palabras de tonalidad carmesí:

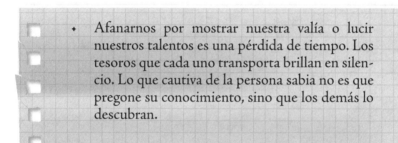

- Afanarnos por mostrar nuestra valía o lucir nuestros talentos es una pérdida de tiempo. Los tesoros que cada uno transporta brillan en silencio. Lo que cautiva de la persona sabia no es que pregone su conocimiento, sino que los demás lo descubran.

La frase grabada en la superficie de madera, justo bajo mi cuaderno, atrajo mi atención: *La vida no debería medirse, sino pesarse. No recordamos los años que vivió la vid, sino los racimos que meció en sus pámpanos.*

Volví a mi cuaderno y continué volcando ideas sobre la superficie cuadriculada de papel:

Gestionando el Éxito

S aborea el éxito, pero no te empaches. La gloria es poco digestiva.

E xtrae del triunfo de hoy el impulso para lograr la conquista de mañana.

L as medallas no son para exhibirlas, sino para atesorarlas como recuerdo de lo que podemos lograr a base de trabajo y esfuerzo.

A prender cómo hacerlo mejor cada día, eso es la excelencia.

H agamos del éxito un trampolín y no un sofá.

20

Lo que tumba a la secoya

El valor de una vida no lo determina un
solo fracaso ni un éxito aislado.

Pasaron dos días más. Dos jornadas carentes de relieve y sin nada digno de destacar. En la mañana del tercer día, el sonido del teléfono me sobresaltó mientras tomaba mi primer café en el balcón de la habitación. Corrí hacia el terminal que había dejado sobre la mesita de noche; mi corazón galopaba ante la expectativa de que fuese María quien llamaba, pero al mirar la pantalla descubrí un número largo y desconocido.

—Dígame —respondí con frialdad, casi convencido de que sería alguien intentando venderme cualquier cosa.

—¿Luis García? —interrogó al otro lado una voz femenina tan profesional como impersonal.

—Sí, soy yo —soné cortante. No tenía ganas de ofertas ni de que me ofreciesen cambiar de compañía telefónica.

—Le llamo del Hospital Universitario Reina Sofía —esa presentación hizo que dejase de respirar por unos segundos—. El señor Taylor está ingresado en este centro y ha pedido verle.

—¿El señor Taylor? No creo conocerlo…

—¿No conoce usted a Selah Taylor? —la voz perdió frialdad y se tiñó de extrañeza—. Es raro, pues él ha insistido mucho en que quiere verle.

—¿Selah? ¡Claro! —repliqué—. Discúlpeme, pero no lo conocía por su apellido. Estaré allí enseguida.

Veinte minutos después me encontraba ante el mostrador de recepción en la segunda planta del hospital; el lugar donde me habían citado.

—La evolución del paciente ha sido positiva —me informó una amable enfermera—, y anoche pudimos sacarlo de la UCI para acomodarlo en una habitación. Esta mañana le llevé una infusión de manzanilla para ver si iba tolerando alimentos, y enseguida me pidió que buscara un papel en el bolsillo de su camisa y que llamase al teléfono que allí aparecía escrito.

—Dígame, Lara —había visto la placa con su nombre que llevaba prendida en el uniforme—, ¿fue usted quien me llamó por teléfono? —La pregunta era irrelevante, pero me resultaba extraño que esa enfermera tan amable fuese la misma que parecía tan fría a través del teléfono.

—No —respondió derrochando simpatía—. Le llamaron de administración —comenzó a caminar invitándome con un gesto de su mano a que la acompañara—. Selah tiene prisa en hablar con usted.

Pasó ella delante a la habitación.

—¡Aquí le traigo a su amigo! —la sonrisa que Lara dedicó a Selah me pareció terapéutica.

Me impresionó verlo. A pesar del color oscuro de su piel era obvio que la sangre había huido de sus mejillas. Intentó sonreírme, pero en el gesto quedó evidenciada su extrema debilidad. Enseguida me hizo señas para que tomase asiento en una silla junto a su cama.

—Lamento mucho lo que le ha ocurrido, Selah —le dije.

—No te preocupes, hijo, ya pasé por situaciones parecidas. Parece que a mi corazón le gusta darme sobresaltos, pero saldré de esta, ya lo verás.

—¿Hay algo que pueda hacer por usted? —quise saber.

—Escucharme, eso es lo que necesito más que ninguna otra cosa —su respuesta fue tan inmediata como directa—. Te lo ruego, atiende, porque lo que necesito decirte es importante.

Palmeé su brazo con cariño mientras le aseguraba:

—Me encantará escucharle, pero, por favor mida sus fuerzas. Usted necesita reposar.

—¿Reposar? —quiso reír, pero fue una tos lo que le salió—. Tendré toda la eternidad para hacerlo —adoptó entonces un tono grave—: Escúchame, hijo, gané mucho… demasiado. El mundo empresarial me dio jugosos réditos, pero a cambio lo perdí todo. Perdí lo que era realmente importante. ¡No vale la pena! ¿Me entiendes?

El arranque de su discurso me pareció tan cruento y deshilvanado que temí que fuera a desmayarse en el esfuerzo. Posé mi mano sobre la suya que, tras agitarse en la intensa disertación, descansaba ahora sobre el embozo de la sábana.

—Selah —le dije—, ¿de verdad quiere hablar de eso ahora? Está usted muy débil…

—Sí, debo decírtelo ahora —había determinación en su voz y también en su mirada—. Ingerí el éxito, pero no supe digerirlo y eso me hundió. Cuantos me miraban veían en mí a un triunfador, pero no era eso lo que yo veía al asomarme al espejo cada mañana —inspiró profundamente, como si aquel arranque de honestidad hubiera requerido toda su reserva de oxígeno. Luego continuó—. El éxito, si no se canaliza bien, puede convertirse en ladrón y en verdugo.

—¿A qué se refiere, Selah? —quise saber.

—Me refiero a que las medallas pueden pesar tanto sobre nuestro pecho que nos impidan el avance. ¡Hasta quebrar nuestra espalda pueden! —añadió luego—: es lícito anhelar victorias, pero tras la ingestión de un triunfo debe haber una adecuada digestión. El triunfo es adictivo —levantó su mano de la sábana y la posó sobre la mía que tenía sobre el colchón—. ¿Nunca oíste hablar del síndrome del campeón?

—No —confesé—. Nunca lo escuché.

—Consiste en que el atleta termina más enamorado de los trofeos que de la disciplina que practica. Se orienta más al triunfo que al deporte, y termina por gastar sus energías acariciando y sacando brillo a sus medallas. Apenas saborea el logro de hoy, porque ya está pensando en el de mañana. Siempre quiere más…

—Entiendo —repuse—. Adicción al éxito.

—Ese mal no afecta solo en el ámbito deportivo; es muy frecuente en el sector empresarial. En la búsqueda de más victorias uno se implica en más guerras, y eso le roba la paz. El síndrome del campeón es como un marido celoso que no admite competencia; reclama todo el tiempo y atención. No admite la competencia del cónyuge ni de los hijos, por lo que llega a asesinar el matrimonio y la convivencia familiar. Por eso digo que el éxito mal gestionado se convierte en ladrón y en verdugo.

Guardó silencio para volver a inspirar profundamente, pues sus pulmones reclamaban oxígeno. Sentí que debía aprovechar ese momento de tregua en su discurso para decirle alguna palabra, pero no se me ocurrió ninguna. Selah retornó a hablar:

—Escuché acerca de un buscador de fortunas que un día supo de un campo en el que había un gran tesoro escondido —asintió débilmente con la cabeza—. El precio de ese terreno era tan elevado que adquirirlo implicaba deshacerse de todo su patrimonio. Sin embargo, la riqueza que al parecer yacía en sus entrañas era de tal calibre que, gustoso, vendió cuanto tenía para comprarlo. Enseguida inició las excavaciones que se prolongaron por largo tiempo. El tesoro no aparecía, y por momentos su ánimo se vio puesto a prueba, pero llegó el día en que la tierra develó la riqueza que cobijaba, y pudo por fin comprobar que lo que había escuchado era cierto: en las entrañas de aquella tierra yacía el tesoro más fabuloso que jamás hubiera soñado. "Me deshice de todo para alcanzar esto", dijo después a cuantos lo escuchaban. "Hoy puedo comprobar que todo lo anterior fueron joyas mediocres. Siempre vale la pena desprenderse de bisutería para adquirir el auténtico tesoro".

—Es bonita la historia —repuse, más con la intención de concederle una tregua en la charla, que porque en realidad tuviera yo algo que añadir.

—En la declaración de ese buscador de tesoros está contenida una clave esencial para la vida —repitió la sentencia con un énfasis muy particular—: siempre vale la pena desprenderse de bisutería para adquirir el auténtico tesoro. La vida está llena de baratijas que quieren captar nuestra atención, pero hay unos pocos tesoros que son los que en realidad valen la pena —la fijeza con la que me miraba era sobrecogedora. No tenía Selah ninguna fortaleza física, pero había autoridad en su mirada—. Un líder debe tener la capacidad de priorizar. En ocasiones somos tan necios que nos dejamos deslumbrar por bagatelas que apartan nuestra mirada de las auténticas riquezas. La clave está en invertir sabiamente, acertar con el tesoro que adquirimos; porque si malgastamos nuestros recursos en mera bisutería, por más brillante y atractiva que parezca, nos encontraremos en bancarrota. Pero si atinamos en la inversión, seremos las personas más felices de la tierra. Es esencial considerar y analizar en qué estamos invirtiendo lo más valioso que tenemos —volvió a mirarme con una intensidad que chorreaba ternura, para concluir—: Compremos el tesoro y no la bisutería.

—¿Por qué me cuenta esto, Selah?

—Porque aprendemos a distinguir el oro del metal sobredorado mientras vivimos, pero a veces la lección se adquiere a un precio demasiado alto. Por eso necesito que me escuches: no siempre lo más brillante es lo más valioso. No te dejes seducir por brillos artificiales.

—Estoy de acuerdo —asentí—, pero, ¿por qué tanta determinación en decirme eso? ¿Por qué tanta urgencia en darme esa advertencia?

—Porque yo me equivoqué —su voz, de por sí débil, bajó ahora varios tonos, tanto, que tuve que inclinarme para lograr escucharlo—. Ella era la joya más brillante y él un diamante de indecible pureza —cerró sus ojos, como si en ese instante estuviese recreándose en aquellos tesoros—. Los tuve cerca cada día, pero no supe apreciarlos. No me recreé en su brillo con frecuencia, porque mis ojos estaban orientados a baratijas de brillo artificial.

Señaló al pequeño armario metálico de una sola puerta que había frente a la cama.

—¿Puedes buscar mi cartera, por favor? Debería estar en la balda superior.

Abrí la puerta del armario. Dentro solo había una camisa y un pantalón colgados de sendas perchas. Sobre la balda superior un libro negro cuyo lomo lucía una gran letra "B" impresa en tono dorado y al lado una bolsa de plástico oscuro, que supuse contendría los efectos personales de Selah.

—¡En la bolsa! —me dijo—. Debería estar dentro de la bolsa.

Allí adentro vi un reloj de pulsera, un colgante de cruz y una billetera negra. La agarré y se la entregué a Selah.

—Gracias —me dijo.

Buscó en su interior y extrajo dos pedazos de papel que enseguida pude comprobar que eran pequeños retratos. Dejó la cartera sobre la cama y sostuvo las dos fotografías, una en cada mano, observándolas con una mezcla de reverencia, deleite y nostalgia. Pronto percibí un brillo húmedo en sus ojos justo antes de que dos lágrimas recorrieran lentamente sus mejillas para precipitarse luego en el embozo blanco de la sábana.

Sin decir una palabra me tendió los retratos. El que tomé en mi mano derecha mostraba a una sonriente mujer que se me antojó muy parecida a Whitney Houston. En el otro vi a un niño que estimé no tendría más de diez años y con un asombroso parecido a Selah.

—Zoe y Esteban. Son —enseguida corrigió—, fueron... mi verdadero tesoro —cerró los ojos y su voz surgió estrangulada por la emoción. Añoré la firmeza y seguridad con que Selah transmitía sabiduría en la Plaza de las Acacias—. Ellos fueron el tesoro más grande que jamás he tenido, pero que no supe valorar.

Le miraba y le escuchaba. Su emoción me contagió hasta que la sentí adherida en torno a mi garganta.

—Relanzar las empresas en crisis cuya gestión había asumido; potenciarlas hasta colocarlas en posiciones de beneficios requirió demasiado...

Exigió todo mi tiempo y concentración —abrió los ojos y me enfocó. Sobre la lámina de agua que cubría sus pupilas casi pude ver meciéndose a su esposa y a su hijo—. Había prometido a Esteban que el sábado siguiente lo acompañaría a su partido de fútbol. Él lo anhelaba, pero yo también, ¡de veras que lo deseaba! —en el énfasis que aplicaba a sus palabras me pareció apreciar un intento de sacudirse la culpa que llevaba arrastrando durante demasiado tiempo—, pero una circunstancia grave que se produjo en la semana obligó a convocar ese sábado al consejo de administración de una de las compañías que estábamos reflotando. Hablé con Zoe y fue ella quien llevó a Esteban a su partido de fútbol. Jugó ese día como nunca, marcó tres goles. Me contó Zoe que cada vez que lograba encajar el balón en la portería contraria, miraba hacia ella lanzándole un beso —Selah se rebulló en el colchón, como si algo le molestara en la espalda, pero no era allí donde se localizaba el afilado aguijón que lo pinchaba… no era en su espalda, sino en el alma—. Regresaban del encuentro eufóricos. "Papá estará orgulloso de mí, ¿verdad, mamá? ¿Crees que estará orgulloso de mí?". Así lo repitió hasta tres veces en el trayecto. Fue en una de esas ocasiones, cuando Zoe se giró hacia Esteban para asegurarle que papá se sentiría muy orgulloso de él, cuando perdió el control del vehículo. La curva apareció de forma repentina y era demasiado pronunciada. El coche se salió de la calzada rompiendo la barrera protectora, voló por un breve espacio de tiempo y luego se precipitó por el desnivel dando varias vueltas de campana, hasta quedar con las ruedas hacia arriba.

Selah volvió a cerrar los ojos. Temo que revivía la escena, pues su respiración se agitó. Puse mi mano izquierda sobre su hombro y con la derecha acaricié su encrespado cabello.

—Tranquilo, Selah, tranquilo —le dije mientras sentía que la emoción adherida a la garganta hacía que esta me doliera.

Inspiró profundamente y luego expulsó el aire lentamente. A continuación guardó silencio por un espacio de tiempo tan prolongado, que pensé que ya no hablaría más, pero finalmente lo hizo, retomó el hilo del cruento relato:

—Mi hijo murió en el acto… Así me lo aseguraron. No sufrió nada… Zoe, mi amada esposa, fue rescatada con vida. Estuvo tres días en la UCI, los mismos que yo pasé delante de las puertas abatibles que daban entrada a ese pabellón de cuidados intensivos. De vez en cuando me permitían pasar a verla y ella, de tanto en tanto, recuperaba la conciencia y hasta reunía las fuerzas suficientes para susurrarme el relato de los hechos… Lo que ahora yo te he contado. Finalmente, con mi mano apretando la suya, Zoe se escurrió de la vida. Se fue dulcemente, como quien va sumiéndose en el más plácido de los sueños, así se deslizó ella de la vida —aquí abrió los ojos Selah y me miró al decir—: Creo que me sonrió en la despedida. Sí —también asintió con la cabeza—, Zoe me sonrió en la despedida.

Enfocó la mirada hacia la botella que estaba colgada en la cabecera de la cama de la que goteaba líquido transparente que, tras un breve recorrido por el macarrón de plástico, se incorporaba a su corriente sanguínea. Así estuvo por varios segundos, tras los que reanudó su relato:

—Estuve tres meses sin levantarme de la cama. Me encerré; me aislé de todo y de todos. Fue en ese periodo de tiempo que descubrí ese libro —señaló al pequeño armario metálico y supuse que se refería al volumen negro que había visto antes—. Se convirtió en mi alimento y resultó como bálsamo para mi alma desgarrada. Me hizo ver la prioridad correcta.

No retiró su mirada del gotero que seguía enviando lágrimas hacia su caudal sanguíneo.

—¿Sabes? —continuó—, lo interesante es que cuando reuní las fuerzas suficientes para retomar mi actividad, descubrí que en mi ausencia no había ocurrido ninguna debacle en las empresas. Sobrevivieron sin mí; toleraron mi distancia de casi cuatro meses. Mil veces he pensado que también habrían soportado mi ausencia ese sábado en que había prometido llevar a mi hijo a su partido de fútbol. Mil veces he pensado que tal vez todo habría sido diferente si hubiese cumplido mi promesa.

—Selah, no debe torturarse. Es inútil intentar cambiar el pasado…

—Lo sé —con sus ojos cerrados asentía con la cabeza—. Es inútil querer modificar los acontecimientos que el tiempo ha convertido en piedra, pero eso no impide que me siga preguntando: si hubiese llevado a mi hijo a su partido de fútbol, ¿estarían él y Zoe ahora junto a mí?

Tras un silencio prolongado pareció rehacerse y me apremió:

—Aprecia las perlas más cercanas: tu familia, tus amigos… El brillo del oro ciega demasiado, pero no es el tesoro más grande, solo el más deslumbrante, y con frecuencia lo que deslumbra no alumbra, sino que ciega. Hay tesoros auténticos y otros ficticios. Hay joyas discretas y baratijas refulgentes. La clave está en distinguir el verdadero tesoro y adquirirlo. Eso trae la felicidad.

—Gracias por apercibirme de esto —lo dije con total sinceridad, aunque en mi interior sentía que el consejo había llegado algo tarde. Ya había perdido a mi familia—. No puedo comprender cómo ha sido usted capaz de vivir después de un dolor tan grande…

—Es el dolor definitivo —me dijo—. La vida te puede enfrentar con situaciones parecidas, pero nunca peores.

—¿Y cómo se logra superar algo así?

—Temo que no tengo una respuesta plenamente satisfactoria para esa pregunta. Lo que yo hice fue intentar convertir al dolor en aliado…

—¿Aprender de él? —interrumpí.

—No me refiero exactamente a eso —repuso—. No estoy muy de acuerdo con la tesis de que el dolor enseña. Más bien pienso que nuestra actitud ante el dolor es lo que puede convertir el sufrimiento en un maestro… Nuestra actitud, ¿entiendes? Por mi parte decidí tomar mi historia que chorreaba dolor y lágrimas, y utilizarla para impedir que otros cometan los errores que yo cometí. Dediqué mi vida a propagar la importancia de establecer bien las prioridades.

Asentí, convencido solo a medias de que sus charlas en la Plaza de las Acacias y sus solos de saxo fueran un megáfono suficiente para rentabilizar una experiencia tan cruenta como la que Selah había vivido.

—No es mucho lo que puedo hacer —comentó como si hubiera leído mis pensamientos—, pero, como dijo Martin Luther King, *si ayudo a una sola persona a tener esperanza, no habré vivido en vano.*

De nuevo asentí. Tal vez sus palabras, su música y sus acciones estuvieran surcando el aire y llegando más lejos de lo que yo pensaba.

Lo que no podía imaginarme… Lo que ni siquiera podía sospechar, era cuán lejos habían llegado esas palabras, y esa música, y esos actos… No alcanzaba a concebirlo, pero estaba a punto de descubrirlo.

A punto de abandonar la habitación, ya con mi mano sobre el pomo de la puerta, me giré hacia Selah. Había algo que me inquietaba:

—Selah, sé que debo modificar mis prioridades. Reconozco que he antepuesto cosas secundarias a otras que no lo son, pero le confieso que me siento un poco perdido. No sé cómo establecer ese orden. Son muchas las cosas que me parecen importantes, y me resulta difícil establecer la jerarquía…

—Te comprendo, hijo —me gustó que me aplicase ese íntimo título—. Hay muchas cosas importantes en la vida, pero solo unas pocas que son las que de verdad importan.

Me hizo una señal con la mano para que me acercara.

—Siéntate un momento, hijo, apenas me tomará tres minutos explicarte esto.

De nuevo me senté a su lado y entonces me dijo:

—Si supieras que solo te queda una semana de vida, ¿a quién querrías ver y abrazar? Esas son las personas que de verdad importan.

¿Qué cosas querrías decir? Esas son las frases que de verdad importan.

¿Qué cosas querrías dejar concluidas? Eso es lo que de verdad importa.

En definitiva, ver, decir y hacer. Si supieras que tu vida tiene una fecha de caducidad fijada, ¿a quién querrías ver, qué querrías decir y qué querrías hacer? La respuesta a esta pregunta te ayudará a ordenar tus prioridades. Y la gran pregunta es: ¿por qué no lo ves, lo dices y lo haces ahora?

21

Sabiduría impresa en rojo

Las sentencias más poderosas de una vida, con frecuencia no
están escritas con tinta, sino con sangre que brota de sus heridas.

- J. L. Navajo

Salí del hospital con el corazón encogido. La historia de Selah me había conmovido las entrañas y me afirmó en una idea que siempre defendí: las personas más sabias tuvieron como maestros momentos durísimos en la vida. Cursaron en la universidad del dolor obteniendo doctorado cum laude. Hoy son capaces de enjugar las lágrimas de otros porque ayer practicaron enjugando las suyas. Vendando sus heridas se convirtieron en agentes de sanidad.

Así era Selah. No hablaba desde la ciencia, sino desde la pura y dura experiencia, y eso confería peso y autoridad a sus palabras. El viejo músico ponía de relieve la realidad de que hablamos lo que sabemos, pero impartimos lo que somos. A su lado pude constatar que un libro te da conocimiento, pero la vida es el tamiz que convierte ese conocimiento en sabiduría. En definitiva, Selah confirmó que las palabras son cera y los hechos son acero.

Esa parte de su vida que Selah acababa de compartirme me conmovía hasta lo más íntimo. Regresé al hotel dando gracias al cielo porque siempre habrá personas que en el corazón de la tormenta proyectan luz y dirección. Agradecía por estos alquimistas del alma que convierten la adversidad en oportunidad; tragando lo más negro lo transforman en oro. Sus cicatrices son renglones llenos de sabiduría que otros podemos leer y nos hacen crecer.

Ya en el hotel, mi mente era un volcán en ebullición. Diversas sentencias tomaban forma en mi conciencia, y en una imprescindible catarsis dejé que fluyeran por el extremo de mi bolígrafo, vertiéndose sobre el papel cuadriculado de mi cuaderno rojo:

El Cuaderno Rojo de Luis

Noveno Día

Aprendí que:

- Es bueno tomar sorbos de soledad, pero huyamos de las sobredosis. Necesitamos amigos, sin olvidar que con ellos ocurre como con los libros: no es necesario tener muchos, sino los mejores.

- Cuando uno tiene los valores claros, las decisiones son más fáciles de tomar.

- Para conducir a alguien hacia la cima, debo llegar yo primero. Es más fácil tirar desde arriba que empujar desde abajo.

- A la cima no se llega superando a los demás, sino superándome a mí mismo.

- Si supiera que mi vida tiene una fecha de caducidad fijada, ¿a quién querría ver, qué querría decir y qué querría hacer? Y la gran pregunta es: ¿por qué no lo veo, lo digo y lo hago ahora?

Sentía esa noche que montones de frases se daban cita en mi memoria. Todas rebosaban sabiduría, la que vertió sobre mí el noble Selah. No era tanto lo que me contó aquella jornada, sino lo que pude leer en su vida desde el instante en que lo conocí:

+ El mejor líder es quien elige a los mejores para que hagan las cosas, y tiene luego la templanza de no entrometerse mientras las hacen.

+ Estrés es la distancia entre lo que uno quiere hacer y lo que realmente hace; se cura aceptando que la excelencia es un camino a recorrer y no un destino a alcanzar. No soy lo que debo ser, no soy lo que quiero ser, pero tampoco soy lo que era.

+ Hay una diferencia entre ser líder y ser jefe. Los dos se basan en la autoridad, pero se diferencian en la forma de aplicarla. El jefe demanda obediencia; el líder ejerce influencia.

+ El verdadero líder cuida a su equipo, porque las personas de talento no son intercambiables, pues tienen cualidades únicas.

+ No fuerces a alguien a desempeñar roles para los que no está preparado. Los líderes efectivos permiten que las personas se dediquen a aquello para lo que nacieron.

+ Con el líder inseguro que siente pánico a que alguien le haga sombra suelen ocurrir lamentables deserciones entre las personas más notables del equipo. Ese directivo termina rodeado de personas poco aptas, pero que cuentan con la encomiable virtud de no cuestionar nada. Incondicionales mediocres que actúan de palmeros mucho más que de consejeros. Eso supone una sentencia de muerte para la compañía.

Concluí mientras leía lo escrito, que Selah estaba dejando una huella en mi vida que jamás se borraría, y ese cuaderno rojo estaba convirtiéndose en un memorando de sabiduría práctica. No eran solo frases, sino peda-zos de vida que el viejo músico me estaba regalando.

Nuevas sentencias florecían en mi mente, como si surgieran por la boca del saxofón y mecidas por la brisa llegasen hasta mi oído:

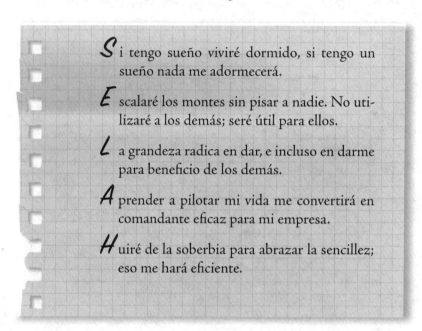

S i tengo sueño viviré dormido, si tengo un sueño nada me adormecerá.

E scalaré los montes sin pisar a nadie. No uti-lizaré a los demás; seré útil para ellos.

L a grandeza radica en dar, e incluso en darme para beneficio de los demás.

A prender a pilotar mi vida me convertirá en comandante eficaz para mi empresa.

H uiré de la soberbia para abrazar la sencillez; eso me hará eficiente.

22

Fallo multiorgánico

Podemos contar las nueces que hay en un nogal,
pero no los nogales que hay en una nuez.

El sonido del teléfono me sobresaltó mientras dormía. Cuando vi los dígitos del reloj marcando las dos y cuarenta y cinco minutos de la madrugada, supe que no sería una buena noticia. El teléfono no comunica buenas nuevas a esas horas.

La voz que llegó a través del auricular resultó ser la misma de la vez anterior, y al igual que en aquella ocasión, me conminaba a presentarme urgentemente en el hospital, pero hoy llegaba teñida con una pátina de compasión, como anticipando el carácter de la noticia que iban a darme.

Apenas llegué me dieron los detalles que resultaron ser muy pocos y muy cruentos. Solo tres palabras me dijeron: Selah ha fallecido.

Pocas veces una frase tan breve ha pesado tanto. Un breve telegrama que chorreaba desolación. Tuve que apoyarme en el mostrador para encajar el impacto que me produjo la noticia, y respiré profundamente intentando combatir la náusea seca que se adhirió a las paredes de mi estómago. Tardé varios segundos en recomponerme, y la jefa de enfermeras aguardó pacientemente.

—¿Qué ha ocurrido? —le dije alzando mis dos manos con las palmas hacia arriba—. Selah estaba recuperándose. ¿Qué le ha pasado?

Fue esa la primera vez que escuché la fatídica expresión: fallo multiorgánico.

—Estaba muy frágil —me explicó la mujer pacientemente—. Varios órganos muy sensibles fallaron a la vez, y respecto a la mejoría de los últimos días, fue solo un espejismo, pues su organismo estaba demasiado deteriorado como para superar esa crisis.

No lograron localizar a ningún familiar, por lo que yo mismo me ocupé de los trámites imprescindibles para su entierro. Cuando cerca del mediodía regresé a la habitación del hotel, un pertinaz sabor a orfandad impregnaba el paladar de mi alma. Me embargaba una sensación de soledad como muy pocas veces he sentido. El desconsuelo me mordía por dentro, similar al que me tomó el día en que llegué a casa y vi la nota que María dejó en su despedida. Así me sentía ahora, como si el barco de mi vida se hubiese quedado sin timón y bogase a la deriva.

A primera hora de la tarde habilitaron una sala en el tanatorio para velar su cuerpo. Era una habitación espaciosa con mucha luz natural gracias a los ventanales que se asomaban a amplios y cuidados jardines en los que había incluso un lago habitado por patos y cisnes. Parecía un intento de apartar la vista de la muerte que allí acampaba a sus anchas, orientándola a la vida.

La sala me pareció muy grande y tenía una decoración minimalista, excepto por seis sillones de piel negra y algunas sillas del mismo color. Una de las esquinas de la sala estaba cerrada por tabiques de cristal, formando algo parecido a una enorme pecera o a una urna gigantesca. Allí adentro ocho cirios funerarios, cuatro a cada lado del féretro, arrojaban una tenue luz sobre el cuerpo de Selah, y en la cabecera del féretro se alzaba un gran crucifijo vacío.

Al verlo a través del vidrio, varias cosas llamaron mi atención: lo primero fue su sonrisa. El rostro de Selah exhibía el plácido gesto de quien se despide de la vida dulcemente, dejando los deberes hechos y sin dejar temas pendientes. Exhalaba su gesto la alegría de quien acude al encuentro de aquello… de aquellos a quienes ama y con los que anhela reencontrarse. De sus labios ligeramente curvados parecía escurrirse un hilo de paz.

En segundo lugar atrajo mi atención el libro negro que reposaba sobre su pecho. Era el mismo que vi sobre la mesa en la habitación del faro y luego en el pequeño armario, en el hospital. La letra "B" que con tono dorado estaba impresa en la tapa refulgía, y yo juraría que aquel libro se movía. Seguramente era el aire frío que estaba activado en el interior de la urna para evitar la descomposición del cadáver, pero aquel volumen parecía mecerse al compás de la respiración.

—Lo solicitó él —la voz me sobresaltó, y al girarme lo vi; llegó como siempre, sin ser visto, e intervino sin molestarse en saludar. Era Tomás—. Selah me lo dijo hace tiempo: *Ese libro alentó mi corazón cuando desfallecí en el camino y quiero que cuando deje de latir también lo arrope. Es un cálido manto para cualquiera… En cualquier situación.* Así me lo dijo y así lo hice.

Lo tercero que me resultó sorprendente fue la gran afluencia de personas para despedir a Selah. Siempre pensé que el viejo músico era un bohemio solitario y casi un ermitaño, pero allí no cesaban de llegar personas, y no solo personas, también personalidades. Aquella enorme sala se convirtió en lugar de peregrinación de notables de todas las destrezas.

Salí al exterior para tomar un poco de aire y me sorprendió la llegada de una interminable limusina, blanca como la nieve. Se detuvo frente al edificio y de ella descendió una flamante actriz, galardonada con la mayoría de reconocimientos que la industria del cine otorga. Entré a la sala tras ella y pude ver cómo la actriz, parada frente al cristal que nos separaba del cuerpo de Selah, mantuvo un silencio respetuoso y reverente. La puerta del cubículo, al otro lado del cristal, se abrió, y dos hombres introdujeron una enorme corona formada por más de cien rosas blancas y frescos gladiolos del mismo color. Una cinta de tono carmesí lucía la frase "Gracias por hacerme creer en mí. Nunca te olvidaré". Tras la sentencia, dos iniciales. Las del nombre de la reconocidísima actriz.

Fue solo el principio; a partir de ese momento comenzó una interminable procesión. Coches de altísima gama se detenían y de ellos descendían estrellas del ámbito empresarial, de las letras, de las artes y de los deportes. Muy pronto la pecera de cristal donde reposaba Selah era incapaz de contener las coronas y ramos de flores que iban llegando. Todos con esquelas sobre las que había impresas palabras de gratitud dirigidas al viejo músico. Hubo un momento en que dentro de aquella funeraria había más celebridades que en una entrega de premios Oscar en Hollywood.

El día fue avanzando, y a la caída de la tarde el lugar comenzaba a vaciarse. Entonces llegó ella. No descendió de una limusina ni vino en coche de alta gama, sino caminando. Arribó a la sala con la mirada baja, mientras su pelo claro le rozaba los hombros que el vestido corte palabra de honor dejaba descubiertos.

Cuando alzó la cabeza, un mechón de pelo rubio tapaba en parte sus ojos. Quise decirle algo cuando se aproximó a mí, pero puso su dedo índice sobre mis labios, tomó mi mano, entrelazó sus dedos en los míos y tiró levemente de mí. Juntos nos aproximamos a la urna de cristal y contemplamos largamente el cuerpo de Selah.

Mis ojos recorrieron las miles de flores que, en un vano intento de tapar a la muerte, llenaban la sala. Releí las frases de varias esquelas… Me detuve luego en la sonrisa de Selah y fue entonces que reparé en que, ¡el libro no estaba!

—¿Dónde está su libro? —casi lo grité—. ¡Selah quería que reposara sobre su pecho!

De nuevo María posó su dedo sobre mis labios y me enfocó con una sonrisa que me recordó a un arco iris alzándose en el corazón de la tormenta.

—Aquí está —depositó el libro sobre mi mano.

—Pero…

—Me lo dijo hace días —comentó casi en un susurro—. *"Que tras posarse en mi pecho repose en su mano; sé que él sabrá cómo emplearlo"*. Así me lo dijo.

—No entiendo… —y de verdad no comprendía nada—. ¿Por qué?

—Selah sabía que su tiempo se acercaba y me rogó que te lo diese. Él me dijo: *"Después de mi partida aún habrá muchos sintiendo que su luz se apaga y sus fuerzas se agotan. Es preciso que alguien continúe la labor de avivar*

los pábilos que humean y las ilusiones que se extinguen. Hacen falta manos
que levanten aquellas que decaen y personas que afirmen el ánimo abatido".

Mis dedos se apretaron en torno al grueso volumen. Lo noté caliente,
como si el fuego que ardió en el pecho de Selah lo hubiese contagiado.

Sobre mi mano, en torno al libro, María posó la suya y ambos presiona-
mos aquel legado.

—Dile que lo lea, así me dijo —susurró María—, dile que lo ame, dile
que lo comparta...

—Pero... solo soy un empresario —no terminaba de ver la conexión—.
Intento crear beneficio, rentabilizar los tiempos y las oportunidades.
Solo soy eso...

—Por eso precisas el cofre del que Selah extraía la sabiduría. El código
que rigió su vida y determinó su quehacer en el mundo de la empresa
—de nuevo presionó su mano sobre la mía y sentí que ambos nos aferrá-
bamos al poderoso legado de Selah.

Se anegaron mis ojos. Las rosas blancas que envolvían el cuerpo de Selah
se difuminaron tras la cortina de lágrimas; también los gladiolos parecían danzar en la humedad de mis ojos. De nuevo me detuve en el rostro
sereno del músico; por efecto de las lágrimas, sus labios parecieron moverse: *ámalo, léelo, compártelo...*

—Y algo más me dio Selah para ti —María buscó en su bolso y enseguida extrajo un sobre blanco—. Toma.

—¿Qué es?

—No estoy muy segura —reconoció—, pero me da la impresión de que
lo que está ahí dentro es su visión que puede convertirse en tu misión
—eso último casi lo susurró.

—Sabes que odio que te pongas misteriosa.

La risa que María liberó terminó de cautivarme.

—No creo que sea nada misterioso lo que acabo de decirte —replicó sin dejar de reír—. Selah inició algo que aún no ha concluido, y algo me dice que te toca a ti continuarlo.

Cuando la tarde se daba por vencida, los visitantes abandonaron el lugar. Observé que antes de salir se acercaban a una mesa y escribían en un cuaderno. Di por sentado que era un libro de condolencias, aunque me pregunté a quién iría dirigido, pues no había ningún familiar del viejo músico.

Mientras María pasó al baño lo ojeé. El último apunte llamó mi atención: *"Es al llegar al límite de nuestras fuerzas cuando descubrimos esa reserva de energía que ignorábamos tener".* Junto a la frase estaba la firma, perfectamente legible, de quien la había escrito; se trataba de uno de los empresarios de alimentación más famosos del país. Dueño de quinientos supermercados y empleador directo de tres mil personas. Aquello avivó mi curiosidad y volví la página para leer más. *"Cuando te cortan la rama en la que te apoyabas descubres que puedes volar."* Sobre la rúbrica aparecía el nombre de un multimillonario emprendedor que había triunfado en el sector de la informática.

"Tienen que apagarse todas las luces para que descubramos que los cielos más hermosos siempre corresponden a los lugares más oscuros." En este caso había sido un magnate del sector inmobiliario, a quien la revista Forbes ubica entre las diez fortunas más grandes del planeta.

Nada de condolencias, ¡aquel cuaderno desbordaba triunfo! El sepelio de Selah se convertía en una proclamación de victoria y éxito. También había algunas sentencias que movían a una profunda reflexión:

"Todos somos excelentes en algo, pero si juzgas a un pez por su habilidad para escalar árboles, vivirá creyendo que es un inútil." Aunque la cita era de Albert Einstein, la firma correspondía a un cantante de moda que llegó a la cumbre de la fama de manera fulminante, pero en el camino perdió la cabeza al no saber digerir el rápido triunfo. La mano de Selah lo hizo aterrizar, y ahora esa estrella rutilante confería el crédito al viejo saxofonista.

"La primera responsabilidad de un líder es definir la realidad. La última es dar las gracias. Entre ambas circunstancias, el líder es un sirviente." Max De Pree, prominente hombre de negocios, acuñó esa frase, pero quien ahora la plasmaba sobre el cuaderno era uno de los más reconocidos arquitectos del siglo XXI, responsable de las más portentosas obras contemporáneas.

Brillantes sentencias llenaban las páginas de aquel cuaderno de condolencias. Citas de reconocidos futbolistas, estrellas del baloncesto, pintores, escultores. Todos se habían dado cita en el tanatorio y escribieron en el cuaderno para expresar su reconocimiento al músico.

—Son frases de Selah —susurró María, que había llegado, y recostada en mi hombro leía también del cuaderno.

—Así es —repuse—. La mayoría de autoría suya, otras tomadas de autores selectos, pero todas llevan el inequívoco sabor a Selah...

—Él se las regaló a quienes ahora las han escrito en el cuaderno. Se las dio en el que para cada uno de ellos supuso el peor momento de su vida.

—Esas frases, acompañadas de consejos, obraron como prodigiosos salvavidas, y ahora honran a Selah plasmándolas aquí.

—¿Recuerdas la frase que nos repetían con frecuencia en la Escuela de Negocios? —no aguardó mi respuesta, sino que la citó—: *Cuando llegas a las aguas mansas es fácil olvidar al capitán que te guió a través de las tormentas.* Qué bien que no todos olvidan al capitán —pasó sus dedos sobre las hojas escritas—, sino que son capaces de honrar su memoria.

La sala se había quedado vacía. Miré el cuaderno y luego a María con gesto dubitativo.

—Tómalo —me dijo—. No hay nadie de la familia de Selah y si no te lo llevas, lo tirarán. Estoy seguro de que él querría que tú lo guardases.

Cuando abandonamos el tanatorio llevaba conmigo tres cosas: el libro negro, el sobre blanco y el cuaderno de condolencias. Eran las diez de la noche, de una noche con una claridad inusual, pues según comentaron en las noticias, había súper luna: la luna más grande del año que resulta ser un catorce por ciento más grande y un treinta por ciento más brillante. Durante la tarde, una lluvia intempestiva limpió el aire, pero no logró rebajar la temperatura ni siquiera un grado. Luego, un viento cálido ahuyentó todas las nubes y la súper luna, súper llena, exhibe su imperio en el cielo nocturno. Bajo ella, María y yo paseamos hasta la Plaza de las Acacias. Clara nos recibió con su habitual sonrisa, y al verme con María me dirigió un guiño cómplice a la vez que la señalaba a ella con un disimulado ademán de su cabeza. Clara sabe quién es María, pues varias veces le hablé de ella, vaciando mi corazón frente al jugo de naranja.

Allí, con el silencio como protagonista, María me explicó que Selah se había comunicado con ella, y la hizo reflexionar sobre lo bueno que sería que rehiciera su vida conmigo.

—¿Selah te animó a que rehicieras tu vida conmigo? —interrogué sorprendido.

—Así es —afirmó María.

—¿Cuándo te lo dijo?

—La primera vez hace casi un mes, luego me llamó casi cada tres días y la última vez hace muy poco, cuando fui a verle al faro...

—¿Al faro? —interrumpí—. ¿Fuiste a verle al faro?

—Sí, ¿qué tiene de malo? —me miró sorprendida de mi extrañeza—. Quise comentarle que estaba valorando seriamente la posibilidad de dar una nueva oportunidad a nuestra relación.

—Fue la tarde de la gran tormenta, ¿verdad? —la imagen de la dama que corría bajo el aguacero se reprodujo en mi memoria.

—Exacto —asintió—. Justo cuando salía del faro se desató lo más parecido al diluvio universal, ¿cómo lo sabes?

—No tiene importancia.

—Él me llamaba para recordarme que tú y yo haríamos un equipo magnífico. A veces era yo quien lo llamaba para buscar afirmación, pues eran muchos los temores que tenía —en este punto entrelazó con los míos los dedos de su mano derecha y con la izquierda acarició mi antebrazo. Entonces añadió—: la última vez, en el faro, noté que más que recomendarme me urgía a que considerase volver contigo.

—Percibía que su tiempo se agotaba y quería cerrar ese tema que para él era importante —sugerí. Pero había algo que no acababa de entender—: ¿Cómo conocía Selah nuestra situación? ¿Quién le contó que estábamos separados?

—¿No fuiste tú? —me lo preguntó extrañada. Un gesto de perplejidad matizaba su rostro, pero no le robaba un ápice de belleza—. Pensé que tú le habías contado de lo nuestro, incluso pensé que detrás de su insistencia en que volviésemos también estabas tú…

—Apenas hace diez días que conozco a Selah, pero me dices que él habló contigo hace más de un mes.

María se encogió de hombros y alzó ambas manos con las palmas hacia arriba, en un gesto de incomprensión y perplejidad.

De pronto vino a mi mente mi primer encuentro con Selah. Esa primera vez que me cautivó con su música y me quebrantó con sus consejos. Recordé las palabras que me dijo aquella noche en la despedida: *Conviene recordar que por alcanzar lo que más quiero puedo ignorar a quien más quiero; es posible, pero no es conveniente. Si por perseguir mi sueño pierdo en el camino a quien ama soñar junto a mí, entonces hice el peor negocio de mi vida.* Selah lo sabía todo. Aún antes de que lo viera por primera vez, él ya conocía mi historia.

María y yo seguimos conversando. Me habló de los temores que la embargaron ante la posibilidad que Selah le sugería, del tiempo que se tomó para pensarlo y que justo cuando había decidido poner en práctica el consejo de Selah, llegó la triste noticia de su fallecimiento.

Hablamos y hablamos, del presente y del futuro, con la súper luna como testigo y fue ella la que, muy entrada la noche, iluminó la escena de nuestro primer beso en el segundo tiempo del juego de nuestra vida.

Tarde... Muy tarde, regresé yo solo a mi habitación, pues María entendía, y yo la comprendí, que no era conveniente precipitar las cosas.

Esa noche, sentado en el balcón de mi habitación, leí el cuaderno de condolencias, paladeando cada una de las frases que le dedicaron. Una por una, las sentencias componían una escala capaz de alzar a cualquiera del abismo en que estuviese. Luego releí los nombres: noventa y nueve. Noventa y nueve celebridades que fueron rescatadas gracias a los sabios consejos del viejo músico.

Casi amanecía cuando apagué la luz para intentar dormir, pero el sueño se había escapado definitivamente, así que volví a prender la lámpara de lectura encastrada en el cabecero de la cama y tomé el libro negro de Selah. Lo leí hasta el alba; hasta que los primeros rayos de luz se filtraban por las rendijas de la persiana. Los ojos me ardían, pero el corazón también. Allí estaban las historias que cada noche nos contó en la plaza. Las repasé todas y pude apreciar que junto a cada una estaba la fecha en que la compartió. Llegué entonces a un relato subrayado en rojo; al lado había una fecha, la del día en que Selah pensaba regalarnos esa historia. La fecha coincidía con el día exacto de su fallecimiento. Selah se marchó dejando una narración pendiente.

23

Acontecimientos finales

Hoy en la mañana dimos sepultura a Selah. Del resto de la jornada apenas recuerdo nada, pues el sepelio me sumió en un intenso sopor matizado de tristeza. Algo así como si me hubiesen inyectado una epidural en el alma.

Ahora es de noche y estoy en la Plaza de las Acacias, donde no hay ni una mesa libre y cada silla está ocupada.

Sí, hoy me despedí de Selah, y mañana lo haré de este pueblo en el que siento que volví a nacer, pero antes de marcharme hay algo que debo hacer y me dispongo a ejecutarlo ahora. Estoy en pie justo en el lugar que cada noche ocupaba Selah. Frente a mí está, a juzgar por el número de personas, creo que todo el pueblo. Me miran con expectación, con la misma con que yo miraba cada noche al viejo músico que sanó mi alma. A mi lado, sobre una pequeña mesa auxiliar que Clara tuvo la amabilidad de acercarme, reposa el libro negro. Está abierto en el relato fechado en el día exacto de su muerte; es la historia que Selah dejó sin compartir. No necesito leerla; tantas veces lo hice en las últimas horas que se ha grabado de forma permanente en mi memoria. Bebo un sorbo de agua, me aclaro la garganta y hago lo que Selah quiso hacer, pero no le alcanzó el tiempo para ello:

Hace mucho tiempo, en algún lugar de la tierra, vivió un hombre que tenía la llave maestra del alma de las personas. Sin importar la edad o condición de la persona, este sabio era capaz de abrir la puerta del alma y entrar allí para sanarla. Solo dos condiciones requería aquella llave: que el alma precisase sanidad y que la persona quisiese ser sanada.

No curaba el sabio con conjuros, pócimas o artificios; lo hacía con palabras. La boca de ese hombre era una compuerta por la que fluía sabiduría impregnada en vida. Convertía los verbos y adjetivos en alimento nutritivo, y otras veces en agua fresca y cristalina que calmaba la sed más ardiente. También en ocasiones actuaban los vocablos como bálsamo refrescante y terapéutico sobre las heridas más cruentas.

Tan efectivo era su acompañamiento y sanadora su intervención que lo apodaron "el pastor", pues a su lado uno se sentía nutrido y apacentado. Llegaban de muy lejos buscando su cuidado; venían personas que, como corderos heridos, anhelaban su ayuda.

Noventa y nueve, esa fue la cifra: noventa y nueve personas que fueron apacentadas por aquel sabio pastor. Cumplida su labor se retiró a descansar. Se notaba agotado el pastor, pues curar a veces hiere y proporcionar descanso, cansa; y así se sentía él, exhausto y algo herido.

Ocurrió que desde su retiro, el sabio pastor supo de una persona descarriada que estaba al borde del abismo. Entonces su corazón le gritó que debía ir en su ayuda, pero su razón le formuló varias preguntas: ¿Cómo vas a salir del retiro a estas alturas? ¿No ves que tus fuerzas son mínimas? ¿No te das cuenta de que morirás en el intento?

Era cierto, sus fuerzas eran escasas, pero su pasión gigantesca… La pasión se impuso a la razón. Había alguien en extrema necesidad y el pastor no dudó en abandonar su descanso para ir en su ayuda. Dejó su zona de confort y salió en busca de la oveja descarriada. No tardó en hallarla junto al abismo, a punto de despeñarse. Herida, extenuada y agonizante.

Con escasas fuerzas, pero con amor desbordante, alzó al herido del barranco y, con el bálsamo de sus palabras y el fulgor de sus consejos, curó al desdichado. Durante días llevó al cordero lastimado sobre sus hombros hasta dejarlo en terreno seguro. Allí continuó nutriéndolo y fortaleciéndolo.

La energía renació en el que estuvo malherido al mismo ritmo con que se extinguía del pastor. El corazón del desdichado cobró fuerza, pero del viejo pastor cada vez palpitaba más débil. Sin embargo, seguía bombeando vida para otros... hasta que dejó de latir... Sí, el corazón del pastor se apagó, el día exacto en que el de la oveja descarriada estuvo sano.

El pastor partió dejando a la oveja junto a las otras noventa y nueve... todas restauradas.

He narrado la historia con la imagen de Selah fija en la superficie de mi conciencia, porque él fue ese pastor y yo el cordero herido. Siento que mi corazón late con fuerza, con la misma que a él lo abandonó mientras curaba mis heridas. Mientras percibo el agradable calor de la pasión renacida en mis entrañas, dirijo la mirada al libro negro que está abierto sobre la mesa a mi lado. También allí está el cuaderno, abierto también por la última página escrita. Distingo la tinta roja que refulge bajo el beso de la súper luna. Al pie del párrafo mi firma junto a la que puede leerse: *el restaurado número cien.*

Concluido el relato recorro la plaza con la mirada. En la mesa más reservada, la que siempre ocupé, está ella tras una copa con jugo de naranja. Como no logré apartar mis ojos de los suyos mientras narraba la historia, distinguí el brillo que la súper luna arrancó de la lágrima que tras recorrer su mejilla se precipitó en la copa.

También durante el discurso pude ver, y al verlo se secó mi boca y se constriñó mi garganta, que en la mesa de al lado, atento y sonriente estaba Antonio Ortiz, el presidente de *Next Level Communication.* Me miró, asintió a mi discurso y sonrió. Junto a él estaba Felipe, mi amigo, quien tuvo la deferencia de revelarme la debacle que fraguaba el "consejo ejecutor". También me sonrió alzando su dedo pulgar en señal de triunfo.

Concluido el relato me acerco a ellos, los abrazo y nos sentamos los tres junto a María. Me parece ver admiración en su mirada.

—¿Cómo es que habéis venido? —les interrogo—. ¿Es que conocíais a Selah?

—Por supuesto que sí —sonríe Antonio Ortiz en la respuesta—. Soy lo que soy gracias a él.

—¿Qué quieres decir?

—Selah me salvó la vida cuando el éxito empresarial estuvo a punto de quitármela. Lo que tú has vivido —y remarca—, todo lo que tú has vivido, incluyendo los desvanecimientos, la pérdida de energía y los delirios de muerte… Todo lo viví yo. La espuma de la cresta de la ola estuvo a punto de ahogarme y Selah me sacó de allí.

—Entonces… —medito un instante, pues estoy algo perdido—. ¿Sabías que Selah iba a venir a este pueblo?

—Lo sabía y por eso hice que tú vinieras —duda un instante sobre la conveniencia de develar más detalles de la historia, pero finalmente decide—. ¡Qué caramba, te lo contaré todo y, si te enfadas, qué se le va a hacer!

Esa reacción me hace temblar ante los detalles que pueda develarme Antonio Ortiz. Aunque me noto bastante recompuesto, mi sistema emocional no está fuerte del todo y cualquier cosa me abate llevándome a las lágrimas.

—No solo soy empresario, también soy humano —aplica entusiasmo a la obviedad—, y no soportaba ver cómo te desmoronabas, así que quise hacer algo por evitarlo. Luis —veo afecto en su mirada, luego señala a María con gesto de simpatía mientras dice—: debes reconocer que nunca fuiste el mismo desde que esta dama te dejó. Aquel día te quebraste y desde entonces te vi pisar sobre mis huellas camino del abismo. No podía consentirlo, así que me comuniqué con Selah…

—¿Tenías acceso a Selah?

—Cuantos hemos pasado por su clínica del alma ya siempre estuvimos conectados a ese divino doctor.

—Y le hablaste de mí —adiviné.

—Le hablé de vosotros —matiza, poniendo sus dedos índice y corazón en forma de uve volcada hacia nosotros.

—¿Así que fuiste tú quien le contó lo nuestro? —replica María.

—Le dije que sois siameses del alma y que vuestra separación fue una brutal amputación —reconoce—. Él me dijo que desempolvaría el bisturí de las cirugías delicadas… Lo demás ya lo conocéis.

Lo miré largamente… Intensamente… No sé si reprocharle su intromisión o agradecerla, pero concluyo que no fue una intromisión, sino una salvación.

—Estaba convencido de que si llegabas a conocer a Selah no desaprovecharías una oportunidad como esa —hay disculpas en su mirada y noto que la voz siempre firme de aquel gigante del mundo de los negocios se estremece un poco—. Ambos sois ejecutivos asombrosos y juntos podéis hacer mucho en beneficio de las personas…

Sin querer retrasar más lo que me está pidiendo el corazón, me levanto y lo abrazo. Luego inquiero:

—Pero, ¿no es cierto que habíais considerado cesarme en la empresa? —quiero estar seguro de que así fueron las cosas.

—Eso es cierto —reconoce—, pero tenía la certeza de que un periodo en la UCI del alma bajo el cuidado del doctor Selah obraría un milagro, y veo que se ha obrado —palmea mi hombro con energía al decirme—: Amigo Luis, lamento comunicarte que se acabaron tus vacaciones. El lunes te esperamos en NLC —Antonio se levanta y tiende su mano en la despedida. Al estrecharla, puedo ver la reluciente esfera de su reloj *Rolex Cosmograph Daytona*, marcando justo la medianoche, y percibo que un día ha concluido: el de mi debacle. Y se inicia una nueva jornada. Arranca el segundo tiempo del juego de mi vida y percibo que será apasionante.

—Lo dicho, NLC te espera —es ahora Felipe quien me lo dice, estrechando también mi mano en la despedida—. Amigo, hay grandes retos aguardándote.

Poco después, María y yo nos quedamos solos. Ella posa su mano sobre la mía y yo, con la otra, acaricio sus dedos sintiendo que toco un tesoro. Luego bebo de su copa y me sabe a lágrimas, las que brotaron de sus ojos mientras me escuchaba. Nunca sospeché que pudieran saber tan dulces.

Tomo una servilleta para limpiar mis labios, pero antes de hacerlo leo la frase que hoy aparece impresa en el papel: *Hay noches en las que todo son preguntas, pero amanece el día en que llegan las respuestas.*

—Creo que para nosotros por fin amaneció —susurra María, que ha leído junto a mí el enunciado.

Sin poder ni querer evitarlo, la abrazo intensamente mientras me afirmo en la idea de que nunca más lloraremos solos. Abro mis ojos sin deshacer el abrazo, y un resplandor atrae mi atención. La torre del mar, ¡el faro!, luce con intensidad. Miro la linterna cubriendo su trayecto circular.

—Anunciaba muerte —digo al oído de María, mientras la imagen de Selah flota en mi conciencia.

—¿Cómo dices? —me interroga ella.

—La luz —le digo señalando a la torre—, anunciaba muerte…

—Y vida, también anunciaba vida —la voz nos provoca un sobresalto a ambos. Tomás ha llegado, cauteloso como siempre y repite—: también anunciaba vida —lo dice con un énfasis maravilloso, señalándome primero a mí, luego a ella y de nuevo a mí—. Anuncia una vida nueva y maravillosa… Vuestro proyecto en común.

24

Tres meses después

Su frente está perlada de sudor. La carísima corbata de seda italiana cuelga ladeada con el nudo demasiado flojo y el primer botón de la nívea camisa Emidio Tucci está desabrochado.

Luis García recorre a grandes zancadas su lujosa oficina. Parece un león enjaulado presa de un ataque de nervios.

¿La razón?

Una de las grandes cuentas peligra. Se trata de *South Market*, que el pasado año aportó siete millones de euros y ahora amenaza con pasarse a la competencia. Si eso llegase a ocurrir, supondría un golpe demasiado duro para NLC.

Luis se apoya en la enorme cristalera que le ofrece una impresionante vista de Madrid y reflexiona. Mientras el copioso sudor empapa su frente y escurre por su espalda, nota el latido del corazón en las sienes y percibe que su mente se bloquea. Si no se tranquiliza, no será capaz de pensar, así que se aproxima a la enorme mesa de juntas y toma asiento en el sillón de piel negra que desde un extremo la preside. Deja caer la cabeza hacia atrás, cierra los ojos e inspira profundamente; al retener el aire tres segundos y luego expulsarlo lentamente percibe que sus pulsaciones bajan y la ansiedad se apacigua. Abre los ojos, y frente a él ve que las otras quince sillas que rodean la brillante mesa ovalada están ocupadas. Las tres secretarias, capitaneadas por Lucía, y los doce ejecutivos de ventas observan a su jefe. Luis los mira y sonríe. Todo su equipo está con él en esta crisis porque él los convocó. Selah logró hacerle entender que las tempestades se sortean mucho mejor en equipo. Ya enfrentó grandes tormentas y pudo comprobar que cuando uno está solo, está en mala compañía. Selah le ayudó a asumir que quien viaja solo llega antes, pero quien lo hace acompañado llega más lejos. *"Recuerda, hijo,* le dijo Selah un día, *un hombre edifica una casa, pero un equipo construye un reino".*

—¿Sabe, jefe? —uno de sus ejecutivos le saca de su reflexión—, hoy recordaba algo que nos comentó en el segundo día sobre el seminario de Selah.

Quien habla es Jaime, el más nuevo de sus colaboradores (jamás volverá a llamarlos subordinados), y también el más joven. Con veinticinco años de edad ha incorporado millones de euros a la cuenta de NLC. Luis lo reclutó mientras Jaime aún estudiaba su licenciatura ejecutiva en dirección de ventas. Uno de sus profesores se lo recomendó y acertó de pleno al contratarlo.

—¿A qué te refieres, Jaime?

—Nos comentó que Selah le había dicho que crisis no se traduce como *gran amenaza,* sino como *gran oportunidad.* ¿Recuerda? Pues eso significa que ahora mismo estamos ante una gran oportunidad.

—Nunca los mares en calma formaron marineros hábiles. Tercer día del seminario de Selah —ahora es Víctor quien suma a lo que Jaime acaba de decir.

—Con frecuencia, lo que parecen tropiezos no son sino caídas hacia adelante que nos acercan a la meta —Raquel, otra impresionante ejecutiva de ventas, ha recordado otra máxima que Luis les transmitió en lo que dio en llamar "Seminario de Selah para perfeccionar el perfil ejecutivo".

—No te fíes demasiado de las palabras de un directivo que no tiene cicatrices, y las cicatrices solo se logran en las grandes batallas.

Elena, la más veterana de las ejecutivas del equipo, acaba de recordar otra máxima que Selah regaló a Luis y él trasladó a su personal. Elena sabe de cicatrices, pues fue propietaria de una pequeña empresa de comunicaciones que no soportó el embate de la atroz crisis que golpeó a España.

Cuando llegó a NLC era una mujer arruinada, pero convirtió sus cicatrices en renglones que ahora desbordaban pericia comercial.

Luis asiente mientras se incorpora y se aproxima a su mesa de trabajo. Recorre con la mirada la brillante superficie de madera de caoba de su mesa. Junto al monitor de treinta pulgadas hay dos cuadros de sobremesa. En uno de ellos se aprecia la imagen de una mujer que se le antoja una princesa. El cabello dorado toca sus hombros que el vestido palabra de honor deja al descubierto, los ojos de azul turquesa, como un lago de aguas reposadas que invita a sumergirse en ellas. Al lado, otro cuadro, donde se enmarca una frase: *¿Soñar en grande? ¡Sí! Pero nada como tener a alguien junto a quien soñar y con quien despertar luego para perseguir esos sueños.*

Frente a ambos cuadros reposa un libro negro con una letra "B" que refulge en la portada. Luis posa su mano sobre la cubierta del libro y los ojos sobre los de la bella mujer. La sonrisa que parece dedicarle actúa como Diazepam en su sistema nervioso central. Ahora sí, su respiración se sosiega y el corazón se acompasa. Todo lo demás es de goma que aunque caiga volverá en el rebote, pero esto es cristal frágil y quiere cuidarlo.

Junto al libro negro reposa el sobre blanco que María le entregó de parte de Selah. *Mil veces lo he leído,* casi lo susurra, *y mil veces ha iluminado mi vida. Estas palabras han sido peldaños que me alzaron a la cumbre.*

Luis se sorprende por lo que acaba de escucharse decir. Cierra los ojos y repite el enunciado: Peldaños que me alzaron a la cumbre. Sostiene el sobre con sus dedos índice y pulgar y lo sacude en el aire mientras piensa. *¡Sí, eso es lo que contiene: palabras que son peldaños que te alzarán a la cumbre! ¡No está mal como título para relatar el tesoro que se oculta en ese sobre!*

Pero, en todo caso, formará parte de otra historia.

Mira los ojos azul turquesa que le observan desde el cuadro y luego el libro negro; entonces siente una fuente de energía inagotable. Por fin tiene algo… tiene a alguien por quien luchar. De esa fuente beberá y, satisfecho, coronará las cimas más complicadas.

Se acerca a la mesa ovalada, y dejándose caer sobre el sillón de piel negra casi lo grita:

—¡Chicos, es imposible que un equipo como este pierda esta batalla!

25

Antes de despedirnos...

Me subí a los hombros de un gigante para ver más lejos. Se lo escuché decir a alguien y puedo aseverar que es un acierto.

La vida es una sucesión de encuentros y despedidas, en definitiva, la vida está tejida con hilo de relaciones. Algunas de ellas pasan sin pena ni gloria; como una brisa con sabor a indiferencia que en pocas horas se olvida. Otras, sin embargo, dejan una marca indeleble. Me refiero a que hay personas a las que conoces en un instante, y ya ocupan para siempre un enorme espacio en el centro de tu vida.

Es cierto que hay relaciones que intoxican y empobrecen. Me lo advirtieron hace años con una frase memorable: *¿Cómo pretendes volar si no te alejas de quienes te arrancan las plumas?* Pero no es menos cierto que hay conexiones que te hacen crecer, personas que te levantan y vínculos que te aúpan. Mi encuentro con Selah fue así y pertenece a esta categoría: la de quienes te orientan a la cumbre. En definitiva, los que desembarcan en tu corazón en un segundo para quedarse ya toda la vida.

Es cierto que quedan mil preguntas: ¿Quién era Selah? ¿De dónde vino? ¿De qué lugar extrajo tanta sabiduría? ¿Por qué llegó en el momento justo y desapareció para siempre cumplida su misión? ¿Qué o quién hacía lucir el faro?

Mil preguntas quedan, eso es cierto, Selah estuvo muy poco tiempo conmigo, pero fue suficiente para dejar claro lo esencial. Él me enseñó que:

192 EL CONTADOR DE HISTORIAS

*S*upremas lecciones de la vida no se aprenden con el tiempo; se aprenden con el ejemplo.

*E*n realidad algunas personas te marcan durante una estación; otras te marcan el corazón.

*L*o valioso de las cosas no está en el tiempo que duran, sino en la intensidad con que suceden. Por eso existen años vacíos y luego llegan momentos inolvidables, cosas inexplicables y personas incomparables.

*A*prendí de Selah que la verdadera riqueza viene de vaciar lo que está en mi interior, vertiéndolo al exterior y brindándolo a los demás.

*H*uiré del egoísmo, porque la destreza más grande reside en compartir mi riqueza para que otros alcancen la grandeza, guiándolos a la cumbre.